YAHUAH (יהוה)

Guide de Restauration

Dr. Yeral E. Ogando

Les citations des Écritures sont tirées de la *BIBLE YAHUAH – VERSION DABAR YAHUAH 2024* (www.yahuahbible.com).

Pour plus d'informations et d'études sur la restauration, visitez : www.yahuahinstitute.org

Pour découvrir d'autres livres et publications de la bibliothèque Dabar Yahuah, visitez :
www.yahuahdabar.com

ISBN : 978-1-946249-67-8

DÉDICACE

Ce livre est dédié à l'unique et seul être qui a toujours été là pour moi, peu importe mon entêtement :

YAHUAH

Je souhaite également dédier cette œuvre à vous (les lecteurs), car vous avez pris le temps de lire ce manuel biblique ; j'espère que la bénédiction de YAHUAH accompagnera chacun d'entre vous pendant la lecture de ce manuel. Et d'une manière toute particulière, je veux dédier ce guide à la personne qui m'a conduit à le créer, Hiraida Ogando Diaz.

Vous avez tous une place spéciale dans mon cœur.

Pour toujours.

YAHUAH (יהוה) - GUIDE DE RESTAURATION

REMERCIEMENTS

Je rends grâce à YAHUAH de m'avoir permis de concrétiser ce guide et de m'avoir accordé la force, la sagesse et la compréhension pour l'écrire.

Un remerciement particulier à Hiraida Ogando Díaz, qui a été l'inspiration pour faire de ce guide une réalité dans nos vies.

Ce fut un voyage très béni pour ma famille, et la récompense en est digne. Merci à mes enfants, Bennett, Ethan et Nathan, d'être restés à mes côtés tout au long de ce voyage. Ils savent que je les aime.

Envoyez la suite quand vous êtes prêt.

YAHUAH (יהוה)

Guide de Restauration

Prière

Ô YAHUAH ALOHIYM, je me présente devant ta présence au nom de ton Fils bien-aimé YAHUSHA, intercédant et priant pour chaque personne qui lit ce guide et qui continuera à le lire au fil des années à venir.

Accorde-leur compréhension et sagesse afin qu'ils puissent lire ce guide avec un esprit ouvert et un cœur entièrement disposé à recevoir la vérité de ta parole. Touche leurs cœurs et ouvre leurs yeux afin que la lumière de ta vérité devienne une réalité en chacun d'eux. Au nom puissant de YAHUSHA. Amen.

TABLE DES MATIÈRES

Introduction

Il m'est agréable de partager avec chacun d'entre vous, mes chers lecteurs, ce que je crois, vous aidera à apporter paix et tranquillité à vos vies et à vos cœurs, ainsi que joie. Dans ce court guide, nous trouverons beaucoup d'informations importantes et nous restaurerons le nom de notre Créateur **YAHUAH** et de notre Sauveur **YAHUSHA**.

De même, nous apprendrons la véritable signification des noms que l'humanité a utilisés pour désigner notre Créateur et notre Sauveur et, de la même façon, nous apprendrons la vérité derrière Son nom afin de parvenir à la liberté et à la joic.

La plupart d'entre nous ont reçu peu d'enseignements sur **les fêtes de YAHUAH** ou **fêtes bibliques**. En effet, on nous a même amenés à croire que ces fêtes ont été abolies et que nous n'avons plus besoin de les célébrer dans nos vies. Cependant, dès l'enfance, nous sommes induits à célébrer toutes les fêtes païennes encore et encore, y compris toutes les fêtes en vénération d'une personne, d'une divinité ou de dieux païens.

Nous arrivons alors à un petit carrefour qui nous amène à réfléchir à ce qui est vraiment convenable ou profitable pour nous en tant qu'enfants du Créateur **YAHUAH**. Cependant, ce sera une décision que chacun d'entre nous devra prendre par lui-même.

Nous rencontrerons non seulement des concepts difficiles et peut-être même surprenants et choquants pour certains, mais le fait est que la signification de beaucoup d'entre eux est contraire à ce qu'on nous a dit ou enseigné. Tout comme l'Apôtre Paul, lorsqu'en **1 Thessaloniciens 5 : 21 il nous dit :** « Éprouvez toutes choses ; retenez ce qui est bon. Il vous commande d'examiner ou de scruter toutes choses et, qui plus est, de retenir le bien ; je vous exhorte à faire vos propres recherches sur les sujets abordés ici. Car c'est ce qui nous conduira à une vie agréable et dans l'obéissance à notre Créateur **YAHUAH** et Sauveur **YAHUSHA**.

Dans cette étude, nous connaîtrons les vrais noms de notre Créateur YAHUAH et le vrai nom de notre Sauveur **YAHUSHA** ainsi que la raison de leur importance ; nous apprendrons l'alphabet hébreu, les différents calendriers et leur pertinence dans nos vies. De même, nous verrons l'origine des démons, l'esclavage du peuple de **YAHUAH**, les commandements et certains termes tels qu'ALOHIYM, Seigneur, Jésus et Christ, entre autres, en tenant compte du contexte et de l'histoire de l'empereur romain Constantin. Enfin, nous apprendrons quelques faits sur les premières versions de la Bible et les fêtes bibliques de **YAHUAH**.

Je prie mon **YAHUAH ALOHIYM** qu'Il accorde sagesse et compréhension à chaque personne qui aura l'opportunité de lire et de partager cette information au nom de Son Fils bien-aimé **YAHUSHA**. Nous devons nous rappeler qu'en aucune façon la présentation des données exposées ici n'a pour but de critiquer ou de débattre, et encore moins de dénigrer qui que ce soit. Le seul objectif est que nous connaissions la vérité, et que nous puissions enfin être libres et placer notre confiance en **YAHUAH**.

CHAPITRE I

La Création

Nous connaissons tous l'histoire de la création et comment YAHUAH créa toutes choses en six jours et se reposa le septième jour. Voyons alors une perspective légèrement plus large sur la création et ce qui fut créé chaque jour.

Jour 1 Jubilé 2 :2 – Berēšīṯh1 :1-5	**Jour 2 Jubilés 2:4 - Berēšhīṯh 1:6-8**	**Jour 3 Jubilés 2:5-7 - Berēšhīṯh 1:9-13**
Les cieux Les eaux Les anges Les esprits L'abîme Les ténèbres La lumière	Le firmament	Les eaux La rosée Les plantes Le Jardin d'Éden
Jour 4 Jubilé 2 :8-10 Berēšīṯh 1 :14-19	**Jour 5 Jubilés 2:11-12 - Berēšhīṯh 1:20-23**	**Jour 6 Jubilés 2:13-14 - Berēšhīṯh 1:24-31**
Le Soleil La Lune Les Étoiles	Les monstres marins La Vie marine Les oiseaux	Les animaux terrestres Le bétail, tout ce qui se meut sur la terre L'Homme

Jour 7 Jubilé 2 :17-18 - Berēšhīṯh 2:1-3
Jubilés 2 : 17-18. Et il nous donna un grand signe, le jour du Shabbath, afin que nous travaillions six jours, mais que nous gardions le Shabbath le septième jour de tout labeur. 18. Et tous les anges de la présence, et tous les anges de la sanctification, ces deux grandes classes : Il nous a ordonné de garder le Shabbath avec Lui dans les cieux et sur la terre.

Telles sont les vingt-deux œuvres de la création et la plus grande merveille créée par **YAHUAH** depuis le commencement de l'humanité : le septième jour comme repos, qui doit être gardé tant sur la terre que dans les cieux.

Jour 1 : YAHUAH créa les cieux, les eaux, les anges (toutes sortes d'anges), les esprits (c'est-à-dire tout esprit vivant, y compris celui de l'homme), les abîmes, les ténèbres (partie nocturne de la nature) et la lumière (partie diurne de la nature). Il est important de se rappeler que la lumière dont il est question ici n'est pas la lumière du soleil.

Jour 2 : YAHUAH ne créa que le firmament le second jour. C'est-à-dire la voûte solide du ciel ou voûte céleste que l'on peut voir depuis tout point de la Terre. C'est là que nous pouvons voir les nuages se déplacer, les oiseaux voler, le Soleil, la Lune et les étoiles.

Jour 3 : YAHUAH créa les eaux (**YAHUAH** ordonna aux eaux de se rassembler en un seul lieu ou masse d'eau), la rosée, toutes les plantes et le jardin d'Éden.

Jour 4 : YAHUAH créa le soleil, la lune et les étoiles. Ce n'est que le quatrième jour que ces astres ou lumières furent créés, et non avant. Et ils furent placés dans le firmament pour séparer la lumière des ténèbres, pour régner sur le jour et sur la nuit. Le quatrième jour, nous ne dépendons plus seulement de la lumière et des ténèbres de la nature, mais nous avons désormais les lumières créées pour le jour et pour la nuit.

Jour 5 : YAHUAH créa les monstres marins, toute la vie marine ou aquatique et toutes sortes d'oiseaux. Bien que nous ne les ayons pas vus, les monstres marins existent ou ont existé.

Jour 6 : YAHUAH créa tous les animaux à la surface de la terre, toutes sortes de bétail, tout ce qui se meut sur la terre et enfin, YAHUAH créa l'homme. Bien que cela puisse sembler surprenant, le sixième jour **YAHUAH** créa l'enveloppe ou le corps de l'homme (formé de la poussière de la terre) et souffla ensuite le souffle de vie ou esprit (ruach) créé le premier jour.

Jour 7 : YAHUAH créa le Shabbath pour être gardé tant sur la terre que dans les cieux.

Tout ce que **YAHUAH** créa était bon et il prit plaisir en toute sa création. Il n'y avait absolument rien de mauvais ou d'enclin au mal. **YAHUAH** n'a aucun lien avec le mal ou la création du mal. Il n'y a point de mal en Sa création et le mal ne fut PAS créé par **YAHUAH**.

Le Jardin d'Éden et la Chute

La création fut achevée et le repos eut lieu le septième jour. Le Jardin d'Éden fut créé le troisième jour pour la jouissance et le délice des protagonistes de la création (Âdâm et Chawwâh).

Berēšīṯh 2 : 15-17. Et YAHUAH ALÔHÎYM prit Âdâm et le plaça dans le jardin d'Éden pour le cultiver et le garder. 16. Et YAHUAH ALÔHÎYM commanda à Âdâm, en disant : De tout arbre du jardin tu pourras librement manger ; 17. Mais, de l'arbre de la connaissance du bien et du mal, tu n'en mangeras point ; car au jour où tu en mangeras, tu mourras certainement.

L'homme avait la responsabilité de cultiver et de garder le jardin. Tout ce qui se trouvait dans le jardin était pour la jouissance et le délice de l'homme, cependant, il n'y avait qu'une seule interdiction ou règle : l'homme ne devait pas manger de l'arbre de la connaissance du bien et du mal.

L'homme ne connaissait que le bien, et que tout venait de **YAHUAH** ; cependant, en goûtant à l'arbre de la connaissance du bien et du MAL, leurs yeux s'ouvrirent et ils commencèrent à reconnaître ou à connaître la différence entre le bien et le mal.

C'est pourquoi, en désobéissant au commandement de **YAHUAH**, Âdâm et Chawwâh porteraient les conséquences de leurs actions comme **YAHUAH** l'avait déjà ordonné : « Car au jour où tu en mangeras, tu mourras certainement. » Et il en fut ainsi ; le jour même où ils mangèrent, ils moururent. Telle a été la norme depuis la chute jusqu'à la fin des temps, où tout être humain né dans le péché meurt le jour même de sa naissance.

Car pour YAHUAH un jour est comme mille ans et mille ans comme un jour. C'est pourquoi aucun être humain n'a atteint mille ans ou un jour complet sur cette terre. **Romains 3 : 23.** Car tous ont péché et sont privés de la gloire d'**ALOHIYM**. Telle est notre réalité et le résultat du péché ou de la chute. Nous sommes tous nés dans le péché et loin de notre Créateur **YAHUAH**.

Le premier péché est la désobéissance. C'est pourquoi nous naissons tous dans la désobéissance envers **YAHUAH** et envers nos parents.

L'homme est chassé du Jardin d'Éden, et la femme, le Nâchâsh (non pas un serpent, mais un ange), et la terre sont maudits en conséquence du péché. Ce soin que **YAHUAH** avait pour sa création (Âdâm et Chawwâh), cette communion et cette communication, tout fut affecté et, par conséquent, l'origine du mal commença avec le péché ou la chute.

C'est à partir de là que Qayin commet le premier meurtre de l'histoire de l'humanité. **YAHUAH** accepta l'offrande de Hebel ou les prémices de ses fruits et rejeta l'offrande de Qayin.

Qayin tue Hebel, épouse sa sœur Awan et elle donna naissance à Chănôk. C'est à cette époque que les maisons commencent à être construites sur la terre, et Qayin bâtit la première ville du monde au nom de son fils. Chawwâh conçut et donna naissance à Shêth, qui épousa sa sœur Azura, qui donna naissance à Ĕnôsh, qui fut le premier à invoquer le nom de **YAHUAH** sur la terre. **Berēšhīṯh 4 : 25 / Jubilés 4 : 12.**

Plusieurs générations plus tard, Mahaleel épousa Dinah, tous deux de la descendance de Shêth, et ils eurent Îyrâd. C'est en cette année que **YAHUAH** envoya ses anges appelés Veilleurs sur la terre pour enseigner à l'humanité à établir des lois et la justice sur la terre.

Jubilés 4 : ... Mahaleel prit Dinah, la fille de Barachiel, sa cousine, pour femme. Et elle lui enfanta un fils le troisième jour de la septième semaine, en la sixième année, et il appela son nom Îyrâd (Jared) : car en ses jours les anges descendirent de **YAHUAH** sur la terre, les soi-disant « Veilleurs », pour enseigner au genre humain à établir des lois et la justice sur la terre.

Et le fils d'Îyrâd, Chănôk, est le premier être humain à apprendre les Écritures et les lettres. Jubilés 4 : 17-19. Ce fut le premier de la race humaine né sur la terre qui apprit l'Écriture, la doctrine et la sagesse, et écrivit dans un livre les signes des cieux, selon l'ordre de leurs mois, afin que les hommes puissent connaître les saisons des années, selon leur ordre, par leurs mois. 18. Il fut le premier à écrire une révélation et à témoigner devant l'humanité dans la lignée terrestre. Il raconta les jubilés centenaires, il fit connaître les jours des années, il établit les mois et il indiqua les semaines des années, comme nous le lui avions montré. 19. Il vit en vision de nuit, en songe, ce qui s'est passé et ce qui se passera, et ce qui arrivera à l'humanité dans ses générations jusqu'au Jour du Jugement. Il vit et connut toutes choses, et écrivit son témoignage, le laissant tel quel sur la terre pour toute l'humanité et leurs générations.

Il est incroyable que les livres de Chănôk aient été rejetés et non inclus dans le canon de la Bible. Encore aujourd'hui, beaucoup sont toujours perdus et ne lisent ni ne scrutent les écrits du premier homme à avoir reçu les révélations depuis le commencement de l'humanité jusqu'au Jour du Jugement. Ses écrits se trouvent dans ce que l'on appelle les apocryphes , mais les gens ne savent toujours pas que Apocryphes signifie simplement « caché ou secrètement caché ». Ces trésors sont encore CACHÉS à l'humanité, car ils ne veulent pas que nous connaissions la vérité et que nous soyons libres.

Origine des Démons

Pour commencer, revenons un peu aux débuts de la civilisation afin de pouvoir comprendre ce sujet, puisque nous avons été éduqués avec de fausses informations pendant des années. Nous entendons toujours de fausses phrases telles que : Pourquoi **YAHUAH ALOHIYM** a-t-il créé les démons ? Beaucoup ont trop d'explications pour justifier une telle fausse croyance, qui ronge ou dévore la vie de beaucoup dans notre siècle.

Cependant, les anciens ne souffraient pas de ces mauvaises pensées ou de ces hallucinations comme c'est le cas aujourd'hui. Avant de parvenir à une réponse à cette question, scrutons un peu les Écritures afin d'arriver à la réponse que tant ont cherchée et apparemment jamais trouvée, ou ont simplement fermé les yeux sur la vérité.

Retournons à **Berēshīṯh 6 :** Or il arriva, quand les hommes commencèrent à se multiplier sur la face de la terre et que des filles leur naquirent, que **les fils d'ALOHIYM,** voyant que **les filles des hommes** étaient belles, prirent pour eux des femmes parmi toutes celles qu'ils choisirent. Et **YAHUAH** dit : Mon ruach (esprit) ne contendra pas toujours avec l'homme, car il n'est que chair ; mais ses jours seront de cent vingt ans. Il y avait des Nephîyl (géants) sur la terre en ces jours-là, et aussi après que **les fils d'ALOHIYM** furent venus vers **les filles des hommes,** et qu'elles leur eurent enfanté des fils. Ceux-ci furent les vaillants qui, dès les temps anciens, furent des hommes de renom.

Si nous lisons le contexte de ce chapitre, nous comprendrons qu'il s'agit de la méchanceté des hommes et du commencement de la construction de l'arche en conséquence de ladite méchanceté.

Les fils d'ALOHIYM : ce sont les « fils d'ALOHIYM ». Il existe plusieurs théories pour tenter de définir ce terme « fils d'ALOHIYM ». Le terme ALOHIYM est la traduction littérale ou correcte du mot « ALOHIYM » dans notre langue et nous ne pouvons pas dire qu'il se réfère aux enfants ou à la descendance d'un être humain. Je pense que le terme hébreu est suffisamment clair pour nous et c'est pourquoi nous pouvons comprendre que ces « fils d'ALOHIYM » étaient des anges et non des humains.

Nous allons lire le même passage, mais dans le livre de Jubilés 5 : 1. Or il arriva, quand les fils des hommes commencèrent à se multiplier sur la face de la terre et que des filles leur naquirent, que **les anges d'ALOHIYM** les virent en une certaine année de ce jubilé, qu'elles étaient belles à regarder ; et ils épousèrent toutes celles qu'ils choisirent, et elles leur enfantèrent des fils, et ils étaient des Nephîyl (géants).

C'est ainsi que tout se passa. Au commencement de l'humanité et après la Chute de l'homme, **YAHUAH** envoya les Veilleurs ou anges pour montrer les voies de **YAHUAH** à l'humanité et les instruire dans la vérité de leur Créateur. **Jubilés 4 :** … car en ses jours (les jours de Jared) les anges de **YAHUAH** descendirent sur la terre, ceux qui sont appelés les **Veilleurs,** pour instruire les fils des hommes et pour exercer le jugement et la justice sur la terre.

Rappelons-nous ce que dit **YAHUSHA :** dans les cieux, les anges ne se marient ni ne sont donnés en mariage. **Matthieu 22 :** 30. Car à la résurrection, ils ne se marieront ni ne seront donnés en mariage, mais ils seront comme les anges de **YAHUAH** dans le ciel. En d'autres termes, les anges n'éprouvent pas les désirs sexuels que les humains ressentent.

Cependant, lorsque les **Veilleurs** furent envoyés pour servir l'humanité, ils prirent une forme corporelle humaine ; cela incluait également les besoins humains, s'ils le choisissaient. Dans le processus d'enseignement et de guidance de l'humanité, les **Veilleurs** (anges), tandis qu'ils demeuraient sur la terre avec les humains, virent les belles filles des hommes « **Berēšhīṯh 6** : 1-4 » et s'unirent à elles ou, pour mieux l'expliquer, eurent des relations charnelles avec elles.

Il est essentiel que ce concept soit bien compris car, en s'unissant aux filles des hommes, ils créèrent une nouvelle race ou espèce, qui ne faisait pas partie de la création de **YAHUAH** mais était plutôt la création des humains avec les anges qui rompirent l'alliance avec **YAHUAH.** Les enfants de cette union furent appelés Nephilim dans la Bible et étaient les géants de l'Antiquité ; en d'autres termes les Nephîyl. De nouveau, ils ne furent pas créés par **YAHUAH**, mais étaient une PROCRÉATION ou le produit de l'union des Veilleurs avec les filles des hommes.

Cette nouvelle race représente alors la corruption absolue de la création ou de l'œuvre de notre Créateur. Pour la première fois dans l'histoire de l'humanité, les Veilleurs et les filles des hommes avaient manipulé l'ADN de la création de **YAHUAH** et avaient corrompu sa création avec un sang impur. Leur multiplication fut gigantesque, pour que toute la création fût corrompue par cette race qui ne faisait pas partie de la création de **YAHUAH.**

Jubilés 4 : 22. Et il témoigna contre les veilleurs qu'ils avaient péché avec les filles des hommes ; car ceux-ci avaient commencé à s'unir, afin de se souiller, avec les filles des hommes, et Chănôk témoigna contre eux tous.

Berēšhīṯh 6:5. Et **ALÔHÎYM** vit que la méchanceté de l'homme était grande sur la terre, et que toute imagination des pensées de son cœur n'était que mal continuellement. Tel est le degré auquel la contamination de la création parvint à cause de l'impureté de la nouvelle race des Nephilim, de sorte que **YAHUAH** décréta le déluge pour SAUVER la seule chose qui était encore pure de sa création. C'est pourquoi Nôach trouva grâce aux yeux de **YAHUAH**. **Berēšhīṯh 6:9.** ... Nôach était un homme **juste** et **parfait** en ses générations, et Nôach marchait avec **ALÔHÎYM**.

Le terme que l'hébreu utilise pour décrire Nôach comme parfait est « tâmıym (תָּמִים) » qui signifie **Pur, sans tache, sans défaut**. En d'autres termes, Nôach était la seule chose pure qui restait de la création de YAHUAH, aussi envoya-t-il le déluge et toute l'humanité périt. Cependant, il put SAUVER la partie pure de sa création : Nôach avec sa femme et ses trois fils avec leurs épouses respectives (8 personnes au total). Le déluge vint à cause de la souillure des anges déchus avec les filles des hommes. En conséquence de la corruption de l'humanité, des animaux et de toute la création, **YAHUAH** décida de SAUVER Nôach et sa famille et de recommencer.

Rappelons-nous quelque chose de crucial concernant cet événement. Il se produisit environ 7 générations après Adam et il arriva au temps d'Îyrâd (Jared). Aucun ange ni aucune femme ne s'était uni charnellement avant cela. Puis **YAHUAH** envoya le déluge pour purger l'humanité et SAUVER les 8 personnes qui étaient pures ou ce qui restait de sa création.

Bien que nous connaissions tous cette histoire et que jusqu'ici tout soit clair, la partie que la plupart ne prennent pas en compte est que **les Nephilim périrent dans le déluge, cette descendance mauvaise ou corrompue fut effacée de sa création**, mais puisqu'ils ne faisaient pas partie de la création de **YAHUAH**, il n'y avait aucun lieu créé pour leurs esprits ou leurs âmes. Ce sont ceux que nous connaissons sous le nom de démons. En d'autres termes, les âmes (esprits) des Nephilim sont ce que nous connaissons comme les Démons.

Origine des démons : enfants des Veilleurs (anges) et des femmes ; ceux qui périrent ou moururent au temps du déluge. Ces âmes ou esprits sont les démons.

Avant cette époque, il n'y avait PAS un seul démon sur la terre ni ailleurs, car ils n'existaient pas. La terre jouit de près de 400 à 700 ans sans démons.

Comme nous pouvons le voir, **YAHUAH** n'a jamais créé quoi que ce soit de mauvais, tout ce qu'Il créa était bon. Ceux qui créèrent les démons ou les êtres démoniaques, quel que soit le nom qu'on veuille leur donner, furent les Veilleurs (anges) et les hommes ou filles des hommes.

Les mères de ces êtres mauvais ou démons périrent, et les pères, les Veilleurs, furent enfermés dans des prisons éternelles dans l'attente du jour du grand jugement où ils recevront l'annihilation totale comme rétribution pour leur péché.

Cela signifie que les démons n'ont pas le pouvoir que la plupart des gens leur attribuent ; ils ne peuvent vous toucher ni vous faire aucun mal directement. Ils sont incorporels et, pour posséder un être humain, cette personne doit donner au démon place et entrée, de la même manière que lorsqu'ils demandèrent la permission à **YAHUSHA** d'entrer dans le troupeau de porcs. Les démons ne peuvent qu'influencer ou utiliser un autre être humain affaibli pour nuire physiquement à quelqu'un, mais ILS NE PEUVENT PAS vous toucher.

C'est au moment où **YAHUAH** est prêt à enfermer tous les démons qui furent engendrés par les anges et les humains que Mastema demanda à **YAHUAH** de lui laisser quelques démons pour accomplir son dessein sur la terre. **YAHUAH** exauça sa requête et laissa 10% des démons obéir à la voix et au commandement de Mastema.

Normalement, nous penserions que la fin de la race des Nephilim et des Veilleurs fut le déluge, cependant, il est très triste de dire qu'il n'en fut pas ainsi. Il y a une histoire dans le livre d'Enki, un livre occulte, à propos d'un démon Nephilim qui survécut au déluge et qui continua très lentement et à travers les siècles avec la lignée de sang de la race des Nephilim, les géants.

Ce qui est le plus intéressant ou le plus triste est que la doctrine des Veilleurs est demeurée active à travers les années. Le pionnier ou père de cette doctrine est l'un des descendants de Shem. **Jubilés 8 :** Au vingt-neuvième jubilé, dans la première semaine, à son commencement, Arpakshad prit une femme et son nom était Rasueya, fille de Susan, fille d'Elam, pour femme. Et elle lui enfanta un fils la troisième année de cette semaine, et il l'appela **Qayinan**, et l'enfant grandit. Et son père lui enseigna à écrire. Et il sortit pour trouver un lieu où bâtir une ville. Et il trouva une écriture que les ancêtres avaient gravée dans la pierre. Et il lut ce qui s'y trouvait. Et il la transcrivit. Et il pêcha à cause de ce qui était en elle, car il y avait en elle l'enseignement des Veilleurs par lequel ils observaient les présages du soleil et de la lune et des étoiles dans tous les signes des cieux. Et il la copia, mais il ne le dit pas car il avait peur de le dire à Arpakshad de peur que celui-ci ne se mette en colère contre lui à ce sujet. Qayinan savait que c'était une doctrine fausse ou païenne, et elle était donc interdite par YAHUAH, c'est pourquoi il la garda secrète et n'en informa pas son père Arpakshad. Il copia ces doctrines des Veilleurs et elles ont survécu jusqu'à ce jour. À tel point que même dans les églises elles-mêmes, on peut trouver les enseignements et les doctrines des Veilleurs.

La Tour de Babel

Beaucoup d'entre nous ont entendu parler de la tour de Babel, mais peu d'entre nous s'arrêtent pour réfléchir à ce qui s'est vraiment passé en ce moment. **Berēšhīṯh 11:** En ce temps-là, il n'y avait qu'une seule langue parlée sur toute la terre. Cela nous indique qu'à cette époque les gens parlaient encore la langue de la création ; une seule langue ou un seul parler existait dans l'humanité jusqu'à ce point.

Jubilés 12: Et j'ouvris sa bouche et ses oreilles et ses lèvres et je commençai à lui parler en hébreu, dans la langue de la création. En d'autres termes, l'hébreu est la langue originelle et était la langue de la création, non pas l'hébreu moderne que nous connaissons aujourd'hui, mais l'hébreu ancien.

Berēšhīṯh 11: Puis ils dirent : Allons, bâtissons-nous une ville et **une tour dont le sommet touche aux cieux** ; et faisons-nous un nom, de peur que nous ne soyons dispersés sur la face de toute la terre. Ils s'unirent tous à l'unisson pour être célèbres et, plus important encore, pour ne pas être dispersés sur toute la terre.

Ils savaient déjà qu'ils seraient dispersés, mais ils étaient remplis d'orgueil et d'arrogance, et ils voulaient atteindre les cieux. C'est-à-dire atteindre le firmament. **Jubilés 10 :** « Voici, les fils de l'homme sont devenus méchants par des conseils pervers, de sorte qu'ils se bâtissent une ville et une tour dans le pays de Shinar. »

Comprenons le raisonnement ici. L'humanité avait traversé le déluge, d'où les démons surgirent comme résultat de l'union de l'être humain et des anges. L'humanité corrompt de nouveau ses voies. « Avec des conseils pervers », c'est-à-dire qu'ils écoutaient des voix mauvaises ou des influences des esprits de perdition ou démons et apprenaient de la doctrine des Nephilim ou des Veilleurs.

Pour les empêcher d'accomplir leurs desseins, **YAHUAH ALOHIYM** décida de confondre la langue qu'ils parlaient, et il les dispersa ainsi sur toute la face de la terre et, à cause du péché, l'origine de toutes les langues de la terre prit naissance. Cette même influence Nephilim ou démoniaque est celle qui a rempli le cœur et l'esprit de l'humanité, et qui demeure en vigueur jusqu'à ce jour.

Sedôm et Ămôrâh

C'est après le déluge et la confusion des langues que nous arrivons à la destruction de Sedôm et Ămôrâh. Beaucoup d'entre nous ne comprennent pas ce récit biblique parce que nous n'avons pas été enseignés dans la vérité des Écritures, mais examinons-le brièvement.

Tout le monde se souvient d'Abrâhâm, qui avait un neveu nommé Lôṭ. Leur richesse et leurs possessions avaient tellement augmenté qu'ils durent se séparer et vivre en des lieux différents, et alors Lôṭ s'établit pour vivre dans les territoires de Sedôm et Ămôrâh. Vous pouvez lire **Berēšhīṯh 19** pour mieux comprendre.

Le péché était si grand à Sedôm et Ămôrâh que **YAHUAH** décréta que ces villes seraient détruites. Beaucoup de gens pensent que c'était à cause de l'homosexualité ou du lesbianisme, mais il n'en est pas ainsi. Ce sont des péchés comme tous les autres. Le péché qui fit déborder la coupe se trouve dans le récit suivant.

Berēšhīṯh 19: Et **deux anges** arrivèrent à Sedôm le soir ; et Lôṭ était assis à la porte de Sedôm ; et Lôṭ les voyant se leva pour aller à leur rencontre ; et il se prosterna le visage contre terre. 5. Et ils appelèrent Lôṭ et lui dirent : Où sont les hommes qui sont entrés chez toi cette nuit ? Amène-les-nous dehors, **afin que nous les connaissions.**

Permettez-moi d'expliquer les mots clés de ce verset, celui-là même qui conduit à la destruction des habitants de cette ville, qui voulaient que Lôṭ leur livre les visiteurs. Premièrement, ils savaient tous que ces deux hommes étaient deux anges et deuxièmement, « **afin que nous les connaissions** ». Ce terme est utilisé dans les Écritures pour désigner le moment où un homme s'approche d'une femme ou la connaît intimement, c'est-à-dire, en termes plus clairs, lorsqu'ils ont des relations charnelles.

Tel était le but des habitants de la ville. Lôṭ proposa de leur donner ses deux filles vierges, mais ils refusèrent car ils cherchaient autre chose. Pouvez-vous imaginer ce qu'ils cherchaient ?

Les habitants de ces villes avaient connaissance de la race des Nephilim qui avait été créée au temps du déluge, et comme ils avaient déjà un mélange de sang Nephilim, ils cherchaient à recréer ou à procréer de nouveau la même corruption que les Veilleurs avaient créée dans le passé. Leur but était de créer de nouveau une nouvelle race : l'union des humains avec les anges. C'est pourquoi ils savaient déjà que ces hommes étaient divins et cherchaient à renouveler la procréation de leurs pères.

Mais, **YAHUAH** ne pouvait permettre qu'une telle corruption se produise de nouveau avec Sa création, et alors Il décréta la destruction de Sedôm et Ămôrâh par le feu des cieux.

Hélas, le monde est déjà comme Sedôm et Ămôrâh et le jugement de destruction imminent qui l'accompagne est proche. L'être humain modifie l'ADN et corrompt la création de **YAHUAH** de manière considérable, et ce que vous appelez évolution ou développement deviendra la destruction de l'humanité une fois encore et pour la dernière fois.

CHAPITRE II
Yôsêph (Joseph) et l'esclavage

Rappelons-nous Yaăqôb, de qui sont issues les douze tribus de Yâshâral. Jusqu'à ce moment de l'histoire, le peuple de **YAHUAH** ou Yâshâral n'avait été l'esclave d'aucune nation.

Lorsque Yôsêph commence à avoir des songes de la part de **YAHUAH,** ses frères, qui lui portaient déjà suffisamment de jalousie puisque Yaăqôb le préférait aux autres car il était né de l'amour de sa vie Râchêl, pour qui Yaăqôb avait travaillé pendant 14 ans, sont encore plus jaloux à cause des songes. **Berēšhīṯh 37 :** Or Yâshâral (Yaăqôb) aimait Yôsêph plus que tous ses enfants, parce qu'il était le fils de sa vieillesse ; et il lui fit une tunique de plusieurs couleurs.

La jalousie était si grande que les frères de Yôsêph conçurent un plan pour le tuer, mais Reûbên ne le permit pas. **Berēšhīṯh 37 :** Venez maintenant, tuons-le et jetons-le dans quelque citerne, et nous dirons qu'une bête féroce l'a dévoré ; et nous verrons ce que deviendront ses songes. Et Reûbên l'entendit, et il le délivra de leurs mains ; et dit : Ne le tuons point.

Plus tard, son frère Yahûdâh (Juda) tenta d'empêcher qu'ils répandent le sang innocent de son frère et finalement ils décidèrent de le vendre. Berēšhīṯh 37 : Et Yahûdâh dit à ses frères : Quel profit y a-t-il si nous tuons notre frère et dissimulons son sang ? Venez, et vendons-le aux Yishmâêliy, et que notre main ne soit pas sur lui ; car il est notre frère et notre chair. Et ses frères y consentirent.

Une décision très sage de la part de Yahûdâh pour éviter de répandre le sang de son frère ; cependant, ils ne pensèrent point du tout aux conséquences futures de leurs actions. Par cet acte de vendre leur frère en esclavage, ils se vendaient eux-mêmes ainsi que leur descendance en esclavage pour près de 450 ans.

Il convient de noter que la décision de Yahûdâh fit de lui la personne qui porterait la lignée choisie du Mâshîyach pour les siècles à venir, et ce parce que les trois premiers frères appelés à hériter des droits du premier-né furent écartés par leurs actions (Reûbên coucha avec la concubine de son père, Shimôn et Lêwîy complotèrent et tuèrent une ville entière).

Ses frères conçurent le plan d'asservir leur frère le songe-creux, cependant, **YAHUAH** utilisa ce plan pour accomplir son dessein et les songes qu'il avait partagés avec Yôsêph. Mais, la décision de leurs frères les condamna eux et toute leur descendance à l'esclavage. C'est quelque peu ironique !

C'est mon histoire préférée dans toute la Bible et le personnage de Yôsêph est mon préféré, car je suis émerveillé par la relation de Yôsêph avec **YAHUAH**. Yôsêph faisait simplement confiance que tout ce qui se passait dans sa vie avait une raison et que derrière cette raison son Créateur **YAHUAH** se glorifierait.

Ce qui est surprenant, c'est qu'il n'existe aucune trace de **YAHUAH** parlant directement à Yôsêph. **YAHUAH** n'avait pas besoin de parler à Yôsêph, ils savaient tous deux que le plan serait exécuté selon la volonté de **YAHUAH** et Yôsêph accepterait cette volonté, quelle qu'elle soit. C'est ce que nous appelons une vie de foi, ou vivre par la foi. Cela a toujours été par la foi.

Avec ce récit, nous pouvons clairement comprendre d'où vinrent les esclaves ; ceux que **YAHUAH** envoie délivrer de Mitsrayin (Mitsrayim) en utilisant Môshah comme main libératrice.

Le péché et la Tôrâh (Loi)

Il est essentiel de comprendre ce que le péché signifie vraiment et ce que la Tôrâh représente dans nos vies. Nous entendons beaucoup de versions sur le péché originel et la conclusion à laquelle la plupart des gens parviennent est que le péché fut la consommation du fruit défendu (ce n'est pas une pomme).

Berēšhīṯh 2: Et YAHUAH ALÔHÎYM commanda à Âdâm, en disant : De tout arbre du jardin tu pourras librement manger ; Mais, de l'arbre de la connaissance du bien et du mal, tu n'en mangeras point ; car au jour où tu en mangeras, tu mourras certainement.

Si nous lisons attentivement, le péché d'Âdâm n'était pas à proprement parler la consommation du fruit que YAHUAH lui avait interdit de manger. La consommation du fruit était le résultat du péché, non le péché lui-même.

Le vrai péché était la désobéissance. L'homme reçut son premier commandement ou Tôrâh et c'était de ne pas manger de l'arbre de la connaissance du bien et du mal. L'homme désobéit au commandement de son Créateur et en conséquence de la transgression de cette Tôrâh, son ordonnance devient de manger le fruit défendu.

Permettez-moi de l'expliquer d'une manière plus claire et contemporaine. Vous dites à votre fils : « Ne touche pas aux clés. Ce sont mes clés de voiture et elles ne sont pas pour jouer. Si tu y mets les mains, je te punirai. » Quelque chose de simple, simple et clair.

Au moment où votre enfant met les mains sur les clés, vous ressentez une colère, une irritation et une impatience, parce que votre enfant a DÉSOBÉI à votre commandement. Et vous procédez immédiatement à le réprimander, le punir et réitérer le commandement que vous lui aviez donné.

Vous voulez que votre enfant obéisse à vos ordres ou commandements, parce que vous comprenez qu'en obéissant à votre commandement, il pourra grandir en homme de bien et dans l'obéissance. La désobéissance est ce qui nous met en colère, ce n'est pas à cause des clés, c'est parce qu'il a désobéi à nos ordonnances. Tel est le péché originel et ce qui conduisit à la chute de toute l'humanité : « la désobéissance. »

Je pense que nous ne comprenons pas encore ou n'assimilons pas bien ce qu'est vraiment le péché originel ou la désobéissance, ni ce qu'il signifie dans nos vies. À cause du péché originel, nous naissons tous avec la marque du péché sur nos corps, c'est-à-dire que dès le moment où nous sommes conçus et venons en ce monde, notre fidèle compagne est le péché originel ou la désobéissance.

Pourquoi pensez-vous que la première chose qu'un enfant apprend à dire est, NON ? Et notre plus grande tâche en tant que parents est d'enseigner l'obéissance à nos enfants. Car nous sommes nés avec le péché de désobéissance et nous ne voulons que faire ou vivre sans loi « dans le péché ».

L'enfant veut faire à sa guise en tout temps, il ne veut pas obéir aux commandements ou aux ordonnances ; peu importe la petitesse du commandement que nous lui donnons, il ne l'accepte pas car la désobéissance est le moteur avec lequel nous naissons.

Et ce péché originel qu'est la désobéissance est présent chaque jour de nos vies. Lorsque l'enfant atteint l'adolescence, la situation est encore pire ; en fait, certains appellent cette étape le stade de la rébellion.

Selon eux-mêmes, les adolescents savent plus que tout le monde, ils sont les seuls à avoir raison et on ne peut pas les rappeler à l'ordre, car ils se mettent en colère, ils frappent du pied, ils maudissent, ils fuient et ils sont complètement rebelles, parce qu'ils veulent simplement agir selon leurs caprices. Telle est la manifestation dans la vie du péché originel.

Au moment où nous atteignons l'âge adulte, nous pensons que nous allons nous débarrasser de la désobéissance, mais il n'en est pas ainsi car tant que nous sommes dans ce corps terrestre, nous porterons le péché originel en nous.

En tant qu'adultes, nous voulons toujours avoir raison et nous voulons toujours que les autres fassent ce que nous disons, et dans bien des cas nous créons même nos propres lois pour vivre selon notre opinion. Nous sommes désobéissants et allergiques à tout ce qui s'appelle loi. Telle est la nature humaine. Tel est le péché originel à l'œuvre dans toute notre existence.

Cependant, nous devons comprendre et nous demander : désobéissance à quoi ? Désobéissance à la Tôrâh qui nous a été donnée. Mais si nous n'avions pas cette Tôrâh qui nous a été donnée, alors il n'y aurait ni péché ni désobéissance.

Qu'est-ce que cette affirmation signifie exactement ?

L'obéissance à la Tôrâh	=	Point de péché
Désobéissance à la Tôrâh	=	Péché

C'est-à-dire que la Tôrâh nous a été donnée (les Dix Commandements, leurs statuts et leurs ordonnances) pour servir de règle à suivre, pour connaître et reconnaître le péché qui est synonyme de désobéissance. Si nous n'avions pas la loi, nous ne connaîtrions pas la signification du péché.

Par conséquent, obéir à la Tôrâh c'est marcher dans une vie sans péché et désobéir à la loi, c'est marcher dans une vie de péché (désobéissance). **Romains 3 :** Car par les œuvres de la Tôrâh, nul être humain ne sera justifié devant Sa face (**YAHUAH**) ; car c'est par la Tôrâh que vient la connaissance du péché.

Nous avons besoin de la Tôrâh pour marcher dans l'obéissance ; la Tôrâh est notre mesure pour savoir si nous sommes ou non dans le péché. Garder la Tôrâh nous maintient hors du péché, ne pas la garder nous maintient dans le péché. **Romains 3 :** étant justifiés gratuitement par sa grâce, par la rédemption qui est dans le Mâshîyach **YAHUSHA**.

La Tôrâh ne nous donne pas le salut, il n'y a de salut que par **YAHUSHA,** qui nous justifie par sa grâce et nous rachète du péché, peut nous donner le salut et, comme résultat de cette rédemption ou de ce salut en YAHUSHA, nous gardons ses commandements et nous nous maintenons hors du péché.

À ceux qui disent que la Tôrâh n'est plus nécessaire ou qu'elle est passée de mode, je dis : s'il en était ainsi, comment sauriez-vous ce qui est péché et ce qui ne l'est pas ? **2 Corinthiens 5 :** Nous sommes donc ambassadeurs pour le Mâshîyach, comme si ALOHIYM suppliait par nous ; nous vous en supplions au nom du Mâshîyach : Soyez réconciliés avec **YAHUAH**. Celui qui n'a point connu le péché, il l'a fait devenir péché pour nous, afin que nous devenions en lui justice d'ALOHIYM.

YAHUSHA ne connut POINT le péché car il marcha toujours dans l'obéissance ; cependant, il devint pécheur pour nous afin de nous réconcilier avec le Père **YAHUAH**. Nous avons besoin de la Tôrâh pour marcher dans l'obéissance et sans péché, et nous avons besoin de **YAHUSHA** pour obtenir le salut et la vie éternelle.

Les Dix Commandements

Examinons les Dix Commandements selon la Bible puisqu'il y a des gens qui acceptent certains des commandements et d'autres non. Nous comprenons tous que les commandements étaient les ordonnances ou règles données à Môshah dans **Šhemōṯh 20.** Il est incroyable de dire que presque toute la race humaine, croyante ou non, accepte et croit en la plupart des commandements, qui servent de guide moral et civique dans la plupart des pays du monde. Je dis en grande partie des Dix Commandements car certaines personnes refusent de croire en deux d'entre eux. Examinons-les ci-dessous.

Tu n'auras pas d'autres dieux devant moi : le terme hébreu pour « tu n'auras pas » est Hâyâh (הָיָה) qui signifie exister. En d'autres termes,

YAHUAH dit qu'il n'y aura personne d'autre que Lui. **YAHUAH** est le seul Créateur et ALOHIYM de nos vies. Personne et RIEN d'autre.

Tu ne te feras point d'image taillée, ni de représentation quelconque des choses qui sont en haut dans les cieux, qui sont en bas sur la terre, ou qui sont dans les eaux sous la terre. 5. Tu ne te prosterneras point devant elles et tu ne les serviras point ; car moi, YAHUAH ton ALÔHÎYM, je suis un ÊL (לֵא) jaloux, qui punit l'iniquité des pères sur les enfants jusqu'à la troisième et quatrième génération de ceux qui me haïssent ; 6. Et qui fait miséricorde jusqu'en mille générations à ceux qui m'aiment et qui gardent mes commandements.

Je ne comprends pas ce qui peut être si difficile à comprendre, puisque tous les termes et mots utilisés ici sont clairs. Aucune image d'aucune sorte ne doit être honorée, et encore moins adorée (se prosterner, s'agenouiller, adorer ou vénérer). Pourquoi ? Parce que **YAHUAH** est jaloux et ne partage pas Sa création avec quiconque, puisque Lui seul fut le Créateur. Alors pourquoi transgresser Son commandement en suivant des idoles et des images qui ne voient ni ne sentent rien… ?

Tu ne prendras point le nom de YAHUAH ton ALÔHÎYM en vain ; car YAHUAH (יהוה) ne tiendra point pour innocent celui qui prendra son nom en vain.

Le mot en hébreu pour définir vain est Shâw (אָוְשׁ) qui signifie dans le sens de désolation selon la concordance Strong… ; mal, ruine, ou spécialement tromperie ; idolâtrie, inutilité, en vain : - faux, mensonge, vanité. En d'autres termes, prendre Son nom en vain peut être : parler mal avec l'intention de nuire et de détruire quelqu'un en utilisant Son nom. Utiliser son nom pour tromper, mentir, ou dans l'idolâtrie, les cultes ou rites païens.

Souviens-toi du jour du Shabbâth pour le sanctifier. Tu travailleras six jours et tu feras tout ton ouvrage. Mais, le

septième jour est le Shabbâth de YAHUAH ton ALÔHÎYM : tu n'y feras aucun ouvrage, ni toi, ni ton fils, ni ta fille, ni ton serviteur, ni ta servante, ni ton bétail, ni l'étranger qui est dans tes portes.

C'est le commandement le plus violé et le plus ignoré par presque toute l'humanité. Ne savez-vous pas que le terme ou nom samedi, « shabbâth », signifie repos ; cependant, nous parlerons davantage de ce commandement dans la section sur la garde du Shabbâth.

Honore ton père et ta mère, afin que tes jours se prolongent sur la terre que YAHUAH ton ALÔHÎYM te donne : le monde entier comprend bien et correctement ce commandement.

Tu ne tueras point : le monde entier comprend bien et correctement ce commandement.

Tu ne commettras point d'adultère : je pense que c'est le deuxième commandement le plus violé dans l'histoire de l'humanité. Cependant, il y a un aspect de ce commandement que certains d'entre nous ignorent, puisque nous pensons tous que commettre l'adultère, c'est uniquement avoir des relations charnelles hors du mariage ou avec quelqu'un qui n'est pas votre conjoint. Et oui, c'est le concept principal, mais le terme hébreu est Nâaph (נָאַף), qui se traduit également par « apostasie », signifie « se retourner », « rechuter » dans le sens spirituel ou « tourner le dos » à **YAHUAH.** Ainsi, commettre l'adultère, c'est aussi tourner le dos ou s'éloigner de **YAHUAH.**

Tu ne déroberas point : le monde entier comprend bien et correctement ce commandement.

Tu ne porteras point de faux témoignage contre ton prochain : le monde entier comprend bien et correctement ce commandement. Mais, il est tellement violé que nous pourrions dire que c'est le troisième commandement le plus violé tant implicitement qu'explicitement.

Tu ne convoiteras point la maison de ton prochain, tu ne convoiteras point la femme de ton prochain, ni son serviteur, ni sa servante, ni son bœuf, ni son âne, ni aucune chose qui appartienne à ton prochain : nous comprenons tous ce commandement, mais lorsque nous l'appliquons, sa réalité nous échappe et nous oublions que nous ne devons pas convoiter, désirer ou convoiter les choses d'autrui.

De ces dix commandements, **le deuxième et le quatrième** sont les plus violés ou ignorés par l'humanité. Les gens savent qu'ils ne doivent pas avoir d'idoles ou d'images, et encore moins les adorer. Cependant, ils ignorent ce commandement et trouvent toutes sortes de mauvaises excuses pour justifier leur péché. Mais, en fin de compte, j'espère que vous pourrez parvenir à la conclusion biblique qu'avec cette pratique vous ne plaisez point du tout à **YAHUAH** et que vous transgressez le deuxième commandement donné par **YAHUAH** pour une obéissance éternelle.

Même lorsque les nations de la terre prennent les commandements comme guide pour créer leurs statuts et leurs lois, quelque chose de pratiquement universel, elles déforment et oublient toujours le quatrième commandement de garder le Shabbâth.

La garde du Shabbâth (Le Quatrième Commandement)

Nous apprendrons comment l'Empire romain décida de changer le jour du shabbâth (samedi) pour le dimanche, un événement qui sert à beaucoup comme principale excuse pour dire que **YAHUSHA** abolit ou accomplit le Shabbâth. Ainsi, ceux qui sont de courte compréhension préfèrent frauduleusement garder le dimanche à la place du samedi.

La première chose que nous devons nous rappeler ou considérer au sujet du Quatrième Commandement de garder le Shabbâth est que c'était une pratique depuis le commencement de la création. **Berēšhīṯh 2**: Et le septième jour ALÔHÎYM acheva son œuvre qu'il avait faite ; et il se reposa le septième jour de toute son œuvre qu'il avait faite. 3. Et ALÔHÎYM bénit le septième jour et le sanctifia ; parce qu'en ce jour il s'était reposé de toute son œuvre qu'ALÔHÎYM avait créée et faite.

Ce que nous disons, c'est que le Shabbâth était gardé depuis Berēšhīṯh 2, c'est-à-dire que le septième jour de la création de l'univers était le Shabbâth. En conclusion, il fut établi environ 2 500 ans avant que la Tôrâh ne soit donnée à Môshah. Dans Šhemōṯh 20, nous voyons le commandement de garder le Shabbâth comme jour de repos, réaffirmant ainsi ce que les ancêtres pratiquaient déjà.

Jubilés 2 : Et Il nous dit : « Voici, je me réserverai un peuple parmi tous les peuples, et **ceux-ci garderont le jour** du Shabbâth et je les sanctifierai pour moi comme mon peuple, et je les bénirai ; comme j'ai **sanctifié le jour** du Shabbâth et que je le sanctifie pour moi-même, ainsi je les bénirai, et ils seront mon peuple et je serai leur ALOHIYM.»

Nous comprenons tous le commandement du Shabbâth, cependant, il y en a qui disent qu'il a déjà été accompli et que ce commandement appartient à la Loi mosaïque et qu'il ne doit plus être gardé. Il est évident que toutes ces affirmations sont fausses.

Yirmeyâhû 17 : Ainsi dit **YAHUAH** : Prenez garde à vous-mêmes, **et ne portez point de fardeau le jour du Shabbâth**, et n'en faites point entrer par les portes de Yarûshâlaim ; 22. Et ne faites point sortir de fardeaux de vos maisons **le jour du Shabbâth**, et ne faites aucun ouvrage, mais sanctifiez **le jour du Shabbâth**, comme je l'ai commandé à vos pères.

Yirmeyâhû 17: Mais si vous ne m'écoutez pas pour sanctifier le jour du Shabbâth et pour ne point porter de fardeau en entrant par les portes de Yarûshâlaim le jour du Shabbâth, j'allumerai un feu dans ses portes, et il dévorera les palais de Yarûshâlaim. Il ne s'éteindra point.

Yechezqêl 20 : Je leur donnai aussi mes Shabbâth, pour être un signe entre eux et moi, afin qu'ils sussent que c'est moi, YAHUAH, qui les sanctifie. Mais, la maison de Yâshâral se révolta contre moi dans le désert : ils ne marchèrent point dans mes statuts, et ils méprisèrent mes ordonnances, par lesquelles l'homme qui les pratique vivra ; et ils profanèrent grandement mes Shabbâth : alors je dis que je répandrais ma fureur sur eux dans le désert pour les consumer.

Yechezqêl 20 : Parce qu'ils méprisèrent mes ordonnances et ne marchèrent point dans mes statuts, mais profanèrent mes Shabbâth ; car leur cœur allait après leurs idoles.

Yechezqêl 22 : Ses kôhên ont violé ma Tôrâh et ont profané mes choses saintes : ils n'ont point fait de différence entre le saint et le profane, et n'ont point distingué entre l'impur et le pur, et ils ont fermé les yeux sur mes Shabbâth, et je suis profané au milieu d'eux.

Comme nous le voyons dans ces quelques versets, le grand problème (ou le plus grand problème) de Yâshâral était d'oublier leur Shabbâth et c'est pourquoi ils en souffrirent toujours les conséquences. La controverse de l'oubli du jour du Shabbâth n'est point nouvelle et se transmet de génération en génération. C'est une pratique qui indique l'oubli de la loi de **YAHUAH** et l'apostasie (le détournement de **YAHUAH**) dans la vie de ceux qui la pratiquent.

La colère de **YAHUAH** s'enflamme contre ceux qui profanent son jour du Shabbâth. Certains ne le voient pas encore, mais bientôt ils pourront voir comment ils ont été dans une cécité éternelle qui ne les conduit qu'à la perdition pour avoir ignoré ses lois et profané son jour du Shabbâth.

Yechezqêl 20 : 16 est le verset qui décrit le mieux notre génération et le monde d'aujourd'hui, celui qui a mis de côté ses décrets et les a remplacés par les décrets des hommes. Le monde ne marche point dans les statuts de **YAHUAH**, mais marche dans les statuts de ses propres convoitises ou dans les statuts de gouvernements ou de dirigeants païens, qui n'ont rien à voir avec YAHUAH.

La profanation de leur Shabbâth est si grande qu'ils l'ont changé pour le dimanche. Et finalement, le cœur de presque toute l'humanité court après des idoles ou des dieux païens. Quelle tristesse.

YAHUSHA et les Deux Commandements

Beaucoup de gens disent que **YAHUSHA** accomplit la loi et que, de tous les Dix Commandements, le seul qu'il accomplit fut le quatrième commandement de garder le Shabbâth, de sorte que, selon eux, on ne devrait plus garder le Shabbâth.

Cependant, si **YAHUSHA** a déjà accompli les commandements selon beaucoup, est-il alors licite de tuer ? Est-il légal de voler ? Est-il permis de commettre l'adultère ? Est-il licite d'avoir d'autres dieux ou d'idolâtrer ? Est-il licite de convoiter ? Est-il licite de porter de faux témoignages ? Est-il permis de prendre le nom de YAHUAH en vain ? Est-il licite de déshonorer nos parents ? Selon ces gens, **YAHUSHA** ne pouvait donc accomplir qu'un seul commandement (garder le Shabbâth) et n'avait pas le pouvoir d'accomplir les autres... Quelle grande sottise...

Voilà ce que sous-entendent ceux qui disent que le Shabbâth ne doit plus être gardé, que **YAHUAH** aurait envoyé son Fils mourir pour l'humanité afin d'abolir UN SEUL des Dix Commandements qu'Il avait donnés à Son peuple ? (Il ne les a jamais abolis...) Ou suggères-tu que le sacrifice de **YAHUSHA** n'était pas suffisant pour, selon toi, abolir tous les commandements ? Il est évident que cette prétendue affirmation est entièrement fausse. Aucune partie du Nouveau Testament n'affirme que **YAHUSHA** abolit les commandements.

YAHUSHA ne vint jamais pour abolir les commandements de Son Père (**YAHUAH**), au contraire, **YAHUSHA** vint pour nous montrer que ses commandements pouvaient être accomplis. **Jean 14** : Si vous m'aimez, gardez mes commandements.

Nous pourrions remplir plusieurs livres avec tant de citations bibliques qui affirment que la garde du Shabbâth est le quatrième commandement et qu'il sera toujours valide, ainsi que les neuf autres commandements. Si nous disons qu'il abolit le Shabbâth, nous disons alors qu'il abolit tous les commandements. C'est insensé d'y penser.

YAHUSHA, ses disciples, les apôtres et l'église primitive gardaient le Shabbâth. Je ne parlerai pas des neuf autres commandements car, apparemment, le seul commandement que tout le monde veut invoquer comme aboli est le Shabbâth, et croyez-moi, ceux qui l'affirment sont plus qu'aveugles.

De plus, il est intéressant de noter que le Shabbâth est mentionné plus de 50 fois dans les quatre Évangiles ; c'est encore plus que ce qui est mentionné dans les cinq premiers livres de l'Ancien Testament.

Les Pharisiens cherchaient toujours à mettre **YAHUSHA** en difficulté, c'est pourquoi et grâce à leur esprit étroit, ils l'interrogèrent sur les commandements. Cependant, **YAHUSHA** dit dans Matthieu 22 : Maître, quel est le grand commandement dans la loi ? **YAHUSHA** lui dit : « Tu aimeras **YAHUAH** ton ALOHIYM de tout ton cœur, de toute ton âme et de tout ton esprit. C'est le premier et le grand commandement. Et le second lui est semblable : Tu aimeras ton prochain comme toi-même. De ces deux commandements dépendent toute la loi et les prophètes.

Comprenons ce que **YAHUSHA** dit dans ces versets car il n'a jamais dit que ce sont les deux seuls nouveaux commandements ni que les autres commandements ne sont plus valides. Dire ou penser cela est inconcevable et inacceptable pour tout esprit qui réfléchit.

Aimer YAHUAH : si vous aimez **YAHUAH,** vous n'aurez évidemment pas d'autres dieux dans votre vie, vous n'adorerez ni n'aurez aucune image à vénérer ou à adorer, et encore moins à vous prosterner devant elle et à lui prier, car c'est une action que **YAHUAH** déteste. De même, vous ne prendrez pas non plus le nom de **YAHUAH** en vain et assurément vous garderez son jour de repos, c'est-à-dire le Shabbâth. Cela signifie que dans cette courte phrase de **YAHUSHA**, les quatre premiers commandements de **Šhemōṯh 20** sont définis.

Aimer ton prochain comme toi-même : si tu parviens à aimer ton prochain comme toi-même, alors tu honoreras toujours tes parents, tu ne tueras jamais, tu ne commettras pas l'adultère, tu ne voleras pas, tu ne porteras pas de faux témoignage et tu ne convoiteras point. Cela signifie que dans cette deuxième phrase, il est fait référence aux six commandements restants et qu'ils y sont inclus. **Wayyīqrā (Wayyīqrā)**19 : Tu ne te vengeras point et tu ne garderas point de rancune contre les enfants de ton peuple, **mais tu aimeras ton prochain comme toi-même :** Je suis **YAHUAH**. Non pas un nouveau commandement, mais fermement exprimé depuis les temps anciens.

Telle est la pensée de **YAHUSHA**, non pas la mauvaise pensée de l'humanité selon laquelle les autres commandements sont déjà abolis. NON.

Ce que **YAHUSHA** vous dit, c'est que si vous parvenez vraiment à accomplir ces deux commandements, vous accomplirez par conséquent tous les commandements de la loi et des prophètes. **Jean 14 :** Si vous m'aimez, gardez mes commandements. Et maintenant je demande : quels sont les commandements de **YAHUSHA** ? Il est évident que ce sont les mêmes commandements que ceux du Père **YAHUAH.** À l'inverse, ceux qui ne gardent point ses commandements ne l'aiment point. C'est la raison pour laquelle **YAHUSHA** dit dans **Matthieu 15 :** Ce peuple m'honore des lèvres, mais leur cœur est loin de moi. Ici, il fait référence à ceux qui sont encore aveugles et n'honorent notre Créateur **YAHUAH** et Sauveur **YAHUSHA** que de leurs lèvres.

Luc 4 : Il vint à Nazareth (**YAHUSHA**), où il avait été élevé ; et le jour du Shabbâth, il entra dans la synagogue, selon sa coutume, et se leva pour lire.

Il y est clairement dit le jour du Shabbâth, c'est-à-dire le Shabbâth ou jour de repos, il entra dans la synagogue selon sa coutume. Quelle était la coutume de **YAHUSHA** ? Garder le Shabbâth. Je pense que le verset l'explique clairement.

Marc 6 : Il sortit (**YAHUSHA**) de là et alla dans sa patrie, et ses disciples le suivaient. 2. Et le jour du Shabbâth étant venu (**Samedi**), il se mit à enseigner dans la synagogue ; et beaucoup, l'entendant, étaient dans l'étonnement et disaient : D'où lui viennent ces choses ? Et quelle est cette sagesse qui lui a été donnée, et ces miracles qui se font par ses mains ?

Luc 13 : Il enseignait (**YAHUSHA**) dans une synagogue le jour du Shabbâth (**Samedi**).

Luc 4 : Il descendit (**YAHUSHA)** à Capernaüm, ville de Galilée ; et il les enseignait le jour du Shabbâth (**Samedi**).

YAHUSHA, en tant que Sauveur de l'humanité ou de ce qui avait été perdu, comprenait le but du Shabbâth et savait que c'était un moment approprié pour porter son message de guérison, d'espérance et de rédemption pour l'humanité, et aussi pour proclamer ce message par ses actions.

Luc 6 : Or il arriva un jour de Shabbâth (**samedi**), comme **YAHUSHA** traversait des champs, que ses disciples arrachaient des épis et les mangeaient, en les frottant dans leurs mains.

Certains interprètent mal beaucoup de versets, y compris celui-ci, pour dire que **YAHUSHA** rompit ou abolit le Shabbâth ; cependant, ils ont tort. Les disciples avaient faim et arrachèrent des épis et les mangèrent, mais cela ne signifie pas que les disciples moissonnaient ou accomplissaient la tâche de la moisson. Si nous lisons dans **Debārīm 23 :** Quand tu entreras dans les blés de ton prochain, tu pourras cueillir des épis avec ta main ; mais tu n'y mettras point la faucille.

C'est exactement ce que faisaient les disciples. Ils ne rompirent jamais le Shabbâth, comme les Pharisiens et les gens aveugles de cette époque veulent le prouver.

En fai**t, YAHUSHA** nous introduisit au but originel du Shabbâth en y revenant comme au commencement : **YAHUAH** créa le Shabbâth comme un temps de bénédiction et de vrai repos des tâches quotidiennes, et non comme un temps d'amertume ou de lourd fardeau.

Matthieu 11 : Car mon joug est doux et mon fardeau léger. Le samedi est un temps à apprécier, et non à passer dans l'amertume et la tristesse. C'est un jour à passer comme on le désire le plus et qui nous fait le mieux sentir, loin des travaux de routine. De plus, le Shabbâth n'était pas un jour de repos seulement pour la nation de Yâshâral, mais pour toute l'humanité. 95% des miracles et des guérisons de **YAHUSHA** furent accomplis un jour de Shabbâth, non pas pour le rompre, au contraire, pour nous montrer la meilleure façon de garder le Shabbâth.

Je ne pense pas qu'il soit nécessaire d'inclure une multitude de versets bibliques pour prouver l'évidence ; les disciples marchaient avec leur maître **YAHUSHA**, par conséquent, ils gardaient le Shabbâth.

Les apôtres firent de même, ils gardèrent aussi le Shabbâth. **Actes 16 :** Et un jour de repos (**samedi**), nous sortîmes hors de la porte, près de la rivière, où l'on avait coutume de faire la prière ; et nous nous assîmes et nous parlâmes aux femmes qui s'y étaient rassemblées.

Timothée, Paul et Silas. Cela est précisé au cas où quelqu'un voudrait dire que ce n'étaient pas les apôtres.

Actes 17 : Et Paul, selon sa coutume, entra chez eux et, pendant trois jours de Shabbâth, il leur exposa les Écritures en raisonnant avec eux…

Actes 18 : Et il disputait (Paul) dans la synagogue chaque jour de Shabbâth (Samedi), et il persuadait des Yahudiy et des Grecs.

Matthieu 5 : Ne pensez pas que je sois venu pour abolir la loi ou les prophètes ; je ne suis pas venu pour abolir, mais pour accomplir. Car je vous dis en vérité : jusqu'à ce que le ciel et la terre passent, il ne disparaîtra pas de la loi un seul iota ou un seul trait de lettre, jusqu'à ce que tout soit accompli. 19. Celui donc qui transgressera l'un de ces plus petits commandements et qui enseignera aux hommes à faire de même sera appelé le plus petit dans le royaume des cieux ; mais celui qui les observera et les enseignera, celui-là sera appelé grand dans le royaume des cieux. Qu'il en soit ainsi !

Ce sont les propres et textuelles paroles de **YAHUSHA**, c'est-à-dire qu'il est clairement dit qu'il ne vint pas pour abolir, ce qui est la même chose que supprimer, le Shabbâth comme jour de repos, mais vint plutôt pour l'accomplir. De plus, il dit que tout ce qui est écrit dans la loi sera accompli à la lettre et que quiconque accomplit ou garde ces commandements sera appelé grand dans le royaume des cieux.

Il est clair que le monde n'écoute pas la parole de **YAHUAH** car il dit que **YAHUSHA** les abolit, mais n'écoute pas non plus les paroles de **YAHUSHA** puisqu'il nous commande d'accomplir ce que certains disent ne plus devoir être gardé. En qui devons-nous croire ? En des hommes qui sont faillibles ou en **YAHUAH** qui est éternel et infaillible ?

Quand les gens ont-ils commencé à oublier le Shabbâth ? Comme nous l'avons dit auparavant, le peuple de Yâshâral a toujours été comme nous tous. En d'autres termes, lorsqu'ils étaient bien, bénis et prospères, ils se détournaient de **YAHUAH**, oubliaient ses statuts et profanaient son jour de repos (Shabbâth). Par conséquent, ils étaient livrés entre les mains de leurs ennemis ou des nations voisines pour être conquis et souffrir les conséquences de l'oubli des lois, des statuts et du Shabbâth de **YAHUAH.**

Puis, du fond du désespoir, ils criaient et **YAHUAH** envoyait un libérateur, renouvelait son alliance avec eux, le peuple se souvenait des lois et des statuts de **YAHUAH** et ainsi ils entraient dans le cycle des bénédictions. C'est essentiellement la même histoire de toute l'humanité ; et cela nous inclut, puisque nous ne faisons pas exception.

Parfois nous critiquons le peuple de Yâshâral, mais nous ne remarquons pas que nous agissons de la même manière qu'eux. **YAHUSHA** vint et nous libéra pour vivre en harmonie et en communion avec **YAHUAH**, mais nous en sommes toujours au même point. Alors, grâce à notre désobéissance et à notre oubli des lois et des statuts de **YAHUAH**, la plus grande déception de tous les temps survint.

Je vous dirai alors brièvement ce qui se passa. L'Empereur Constantin apparut avec son rêve d'unir l'Église et l'État, et il le fit. Deux des principaux buts et points du nouveau royaume de l'Empire romain étaient de s'assurer que personne n'adore aucun autre ALOHIYM que l'ALOHIYM créé par Constantin et son église. En conséquence, ceux qui gardaient le Shabbâth et célébraient les fêtes de **YAHUAH** étaient considérés comme hérétiques, persécutés, exécutés, brûlés, emprisonnés et tout ce que vous savez déjà. Telle fut l'origine de notre siècle pour oublier le Quatrième Commandement, de sorte que Constantin et son empire décidèrent que le jour qu'ils devaient garder et consacrer n'était plus le samedi, mais le dimanche. Ceci fut en l'honneur de l'ALOHIYM païen Mithras ou de l'ALOHIYM soleil.

CHAPITRE III
Les fêtes de YAHUAH (fêtes bibliques)

Selon la Bible, il existe diverses fêtes célébrées en l'honneur et en commémoration d'un temps ou d'une action spéciale par et pour **YAHUAH.** Beaucoup de gens ont tendance à croire que les fêtes bibliques ont été abolies ou qu'il n'est plus nécessaire de les garder et de les célébrer aujourd'hui.

Chacun est libre de croire comme il l'entend, cependant, nous partagerons les informations sur les **7 Fêtes bibliques** et toutes les fêtes selon la Bible pour chaque année, un total de 70 jours de fêtes et le mandat de **YAHUAH** pour nous de les célébrer. En examinant les mandats de **YAHUAH**, chacun pourra décider s'il veut les incorporer dans sa vie ou non. Pour ma part, j'ai le raisonnement suivant que je veux partager avec chaque personne qui lit ce court guide.

Il existe de nombreuses fêtes païennes en l'honneur de divinités païennes et même d'êtres humains. Tout le monde décide de célébrer toutes ces fêtes ou jours fériés sans aucune objection, inconvénient ou restriction. Cependant, je me demande, qu'est-ce qui est le plus profitable, de célébrer les fêtes païennes ou celles de **YAHUAH** ?

En supposant que ceux qui disent que les Fêtes de **YAHUAH** ou les Fêtes bibliques ont été abolies ou sont déjà passées. Pourquoi alors ne célèbrent-ils que les fêtes païennes ? Est-il plus profitable d'honorer un dieu païen que **YAHUAH ?** Que chacun réfléchisse par lui-même et parvienne à sa propre conclusion. Pour ma part, je célébrerai et garderai les fêtes de **YAHUAH.** Voici les principales fêtes bibliques avec leurs versets bibliques afin que vous puissiez les vérifier et les voir par vous-mêmes. Certains se demanderont peut-être pourquoi nous devrions prendre le temps de parler des Fêtes de **YAHUAH ?**

Parce que dans les sept fêtes de YAHUAH nous pouvons trouver le plan de rédemption et de salut pour toute l'humanité. Comprendre les

Fêtes nous aidera à mieux comprendre son plan magistral pour nous. De même, les fêtes bibliques ont toujours un aspect historique et un aspect eschatologique ou futuriste ; de plus, elles s'étendent à toute l'humanité jusqu'au dernier moment sur cette terre.

Il est curieux que le terme utilisé en hébreu pour le mot fête, dans **Wayyīqrā 23** : Parle aux fils de Yâshâral et dis-leur : **Les fêtes de YAHUAH (יהוה)**, que vous proclamerez comme de saintes convocations, ce sont mes fêtes.

Môêd (מֹועֵד) est le terme utilisé et peut signifier, selon la concordance biblique Strong H3259, un rendez-vous, spécifiquement un festival, une assemblée convoquée dans un but précis ; lieu de réunion ; aussi un signe désigné à l'avance : fête, temps assigné.

Les fêtes sont un rendez-vous avec YAHUAH notre Créateur et leur but est que nous puissions mieux le connaître et nous réjouir en sa présence. C'est un rappel pour nous d'avoir une idée du plan de Rédemption que YAHUAH a préparé à l'avance et pour un temps futur déjà assigné.

Au verset 2 de **Wayyīqrā 23,** il nous dit quelque chose de saisissant : les fêtes solennelles de **YAHUAH**. Je ne sais pas si nous avons pleinement compris, à qui appartiennent ces fêtes ? Ces fêtes appartiennent à **YAHUAH,** non à nous ou à aucun homme.

Le terme hébreu « Môêd » est utilisé pour la première fois dans **Berēšhīṯh 1** : Et **ALÔHÎYM** dit : Que des luminaires soient dans le firmament des cieux pour séparer le jour de la nuit ; et qu'ils soient pour des signes, et pour des saisons, et pour des jours et des années.

Elles ont un caractère historique : car elles nous présentent un temps ou une activité dans le passé qui les a fait naître. Elles ont un caractère prophétique, c'est-à-dire qu'elles pointent vers l'avenir : car elles nous pointent vers le Mâshîyach et la fin des temps.

Elles parlent toutes du Messie (YAHUSHA) : car en elles nous trouvons la venue du Mâshîyach depuis le temps où il était sur la terre et comment il accomplit les premières fêtes dans sa vie.

Elles ont toutes un contexte agricole : comme le peuple choisi par YAHUAH était un peuple de cultivateurs, toutes les fêtes s'inscrivent dans un contexte agricole pour une meilleure compréhension.

Les sept fêtes représentent les sept jours de la création : car en sept jours tout fut créé, YAHUAH nous donne sept jours de fête par an à travers les fêtes, comme un rappel de sa création et comme un plan d'accomplissement futur. Il y a encore 63 autres jours de fête dont nous parlerons brièvement.

Les sept fêtes représentent le plan de rédemption de YAHUAH : car elles nous présentent le plan de rédemption depuis Berēshīṯh jusqu'à l'Apocalypse, atteignant l'accomplissement des temps de la fin.

Les fêtes sont dans la Bible : car selon **2 Timothée 3 :** Toute l'Écriture est inspirée d'ALOHIYM… et si toute l'Écriture est inspirée de **YAHUAH,** alors les fêtes sont dans la Bible. Par conséquent, elles font partie de l'inspiration de **YAHUAH.**

Rappelons-nous ce que dit l'apôtre Paul dans **Galates 3 :** Ainsi la loi a été **notre pédagogue** pour nous conduire au Mâshîyach, afin que nous soyons justifiés par la foi. Le mot utilisé en grec pour pédagogue est « paidagōgos (παιδαγωγός) », c'est-à-dire « enseignant ou tuteur, instructeur, maître d'école. » Ce que Paul essaie de nous dire, c'est que la loi est notre maître qui nous guide jusqu'à ce qu'elle nous conduise au Mâshîyach et que les fêtes font partie de la loi, par conséquent, elles nous conduisent et parlent directement de notre Mâshîyach Rédempteur **YAHUSHA.**

Croyons-nous-en la Loi ou en la Tôrâh ? Ou croyons-nous aux doctrines ou aux traditions des hommes ? Croyons-nous que les Écritures soient inspirées de **YAHUAH,** ou non ? Ce sont des questions que nous devrions nous poser et réfléchir à la réponse que nous portons vraiment dans nos cœurs. Car si nous croyons vraiment que toute l'Écriture est inspirée de **YAHUAH** ALOHIYM, alors nous devons croire en ses fêtes, car selon les propres paroles de **YAHUAH,** ces fêtes sont les siennes, « celles de **YAHUAH** ». Ou ne croyons-nous pas aux cinq premiers livres de la Bible ? Réfléchissons à cette question et soyons honnêtes avec nous-mêmes.

Les fêtes sont très importantes pour **YAHUAH** et elles parlent directement de son fils bien-aimé, **YAHUSHA**, puisque **YAHUSHA**:

Naquit à la Pentecôte. Mourut à la Pâque ou Pesach. Fut enseveli lors de la fête des Pains sans levain et fut les prémices de la résurrection. Envoya son ruach (esprit) à la Pentecôte ou fête des semaines.

Oui, **YAHUSHA,** en tant que fils unique de **YAHUAH,** vint pour accomplir la volonté de son père et prit le temps de rendre ces fêtes réelles aux moments les plus importants de sa vie terrestre ; nous devons alors comprendre que cela nous montre que le but de **YAHUSHA** est d'accomplir chacune de ces fêtes dans votre vie. Nous sommes appelés à imiter la vie de **YAHUSHA**, non les vies des hommes.

Dans chacune des Fêtes nous verrons le plan de rédemption de **YAHUAH.** Cela nous donnera une meilleure perspective sur l'importance des fêtes dans nos vies et pour l'humanité.

Pesach (Pâque) et les Pains sans Levain (Matstsah)

Šhemōṯh 12 / Jubilés 48 - 49

Commençons par lire les événements qui nous conduisirent à la nuit de la Pâque avec le peuple de Yâshâral.

Jubilés 48 : 9-18

9. Le prince Mastema résistait devant toi et voulait te faire tomber entre les mains de Pharaon. Il aida aux incantations que les Mitsrayim faisaient en se comparant à toi. 10. Nous leur avons permis de commettre le mal, mais nous n'avons pas toléré que des remèdes fussent faits par leurs mains. 11. **YAHUAH** les frappa de mauvaises plaies, et ils ne pouvaient les combattre, car nous leur avons interdit d'accomplir un seul miracle. 12. Le prince Mastema fut confondu à tous les signes et prodiges. Lorsqu'il se mit à crier aux Mitsrayim qu'ils te poursuivaient avec toute la puissance de Mitsrayim, avec leurs chars et leurs chevaux et avec toute la multitude des peuples de Mitsrayim. 13. Je me plaçai entre eux et Yâshâral. Et nous le délivrâmes de ses mains et des mains de son peuple, et **YAHUAH** les fit passer à travers la mer comme à travers la terre sèche. 14. Tout le peuple qui était sorti pour poursuivre Yâshâral fut jeté par **YAHUAH**, notre **ALOHIYM**, dans la mer, dans les profondeurs de l'abîme, sous les fils de Yâshâral, tout comme les Mitsrayim avaient jeté leurs fils dans le fleuve. En un million, il se vengea, et mille vaillants paladins périrent pour chaque nourrisson des enfants de ton peuple jeté dans le fleuve. 15. **Les quatorzième, quinzième, seizième, dix-septièmes et dix-huitièmes jours**, le prince Mastema fut lié et enfermé, loin des fils de Yâshâral, afin qu'il ne pût les calomnier. 16. Le **dix-neuvième jour,** nous le relâchâmes pour aider les Mitsrayim et pour persécuter le peuple de Yâshâral. 17. Il endurcit leurs cœurs et les fortifia. Mais, **YAHUAH,** notre **ALOHIYM,** le conçut ainsi pour frapper les Mitsrayim et les jeter dans la mer. 18. Et le quatorzième nous le liâmes, afin qu'il ne calomniât point les enfants de Yâshâral le jour où ils

allaient demander aux Mitsrayim des biens et des vêtements, des objets d'argent, d'or et de bronze, pour dépouiller les Mitsrayim de l'esclavage qu'ils leur avaient violemment imposé, car nous n'avons pas fait sortir les enfants de Yâshâral de Mitsrayim nus.

Chapitre 49

1. Souviens-toi du commandement que **YAHUAH** t'a donné au sujet de la Pâque. Célèbre-la au moment voulu, le quatorzième du premier mois, en sacrifiant avant le coucher du soleil et en mangeant la nuit, au coucher du soleil le quinzième, dès que le soleil se couche. 2. Car cette nuit-là — le commencement de la fête et de la réjouissance — tu étais assis pour manger la Pâque en Mitsrayim, et les forces du prince Mastema avaient été envoyées pour tuer tous les premiers-nés dans le pays de Mitsrayim, depuis le fils de Pharaon jusqu'à la captive esclave qui est au moulin, ainsi que les animaux. 3. Voici le signe que **YAHUAH** leur donna : Dans toute maison à la porte de laquelle ils verront le sang d'un agneau annuel, n'entre pas pour tuer, mais passez outre, afin que tous ceux qui sont dans la maison soient sauvés, car le signe du sang est à la porte. 4. Les forces de **YAHUAH** firent comme il leur avait commandé, passant devant tous les fils de Yâshâral, sans que les atteignît la plaie qui détruit toute vie d'animal, de personne ou de chien. 5. La plaie était très grande en Mitsrayim, et il n'y avait point de maison où il n'y eût eu un mort, et il y avait des pleurs et des cris. 6. Pendant ce temps, tout Yâshâral mangeait la viande de Pesach, buvait du vin et louait, bénissait et glorifiait **YAHUAH,** l'ALOHIYM de leurs pères, prêt à sortir du joug de Mitsrayim et de la cruelle servitude. 7. Souviens-toi de ce jour tous les jours de ta vie, garde-le chaque année toute ta vie, une fois l'an en son jour, selon sa loi, sans retarder d'un jour sa date, ni d'un mois à l'autre. 8. **Car c'est une règle éternelle, gravée sur les tables célestes pour tous les enfants de Yâshâral ;** qu'ils le célèbrent chaque année en son jour, une fois l'an, dans toutes leurs générations sans limite, car il est établi pour toujours.

La nuit de la Pâque, ce même jour le soir, au crépuscule, le peuple sacrifie l'agneau et met le signe du sang sur le linteau comme protection de **YAHUAH.**

Cette même nuit, le peuple commence à célébrer la Pâque, cependant, l'ange de la mort tue tous les premiers-nés des Mitsrayim.

- Pharaon envoie chercher Môshah et **Ahărôn** et laisse partir le peuple. Mastema est lié (l'adversaire) pendant 5 jours (14, 15, 16, 17, 18), mais le 19e jour, Mastema est relâché et incite le cœur de Pharaon à poursuivre le peuple de **YAHUAH**.

YAHUAH divise la mer, et toute l'armée de Mitsrayim est engloutie, vengeant ainsi Mitsrayim pour tous les enfants hébreux qu'ils avaient jetés dans le fleuve.

Je vous recommande de lire le 12e chapitre de **Šhemōṯh** et **Wayyīqrā 23** pour avoir une meilleure idée.

Wayyīqrā 23 : 4-8 :

Ce sont les fêtes solennelles de **YAHUAH,** les saintes convocations, que vous convoquerez en leurs temps : ce sont les fêtes de **YAHUAH,** les saintes convocations, que vous proclamerez en leurs saisons. Le quatorzième jour du premier mois **(Âbîyb)** le soir, c'est la Pâque de **YAHUAH.** Et le quinzième jour du même mois **(le lendemain)** est la fête de Matstsâh **(deuxième fête)** pour **YAHUAH** : sept jours vous mangerez de la Matstsâh. 7. Le premier jour vous aurez une sainte convocation : vous ne ferez aucun ouvrage servile **(pas de travail).** 8. Mais, vous offrirez une offrande par le feu à **YAHUAH** pendant sept jours **(7 jours et non 8)** : le septième jour est une sainte convocation : vous ne ferez aucun ouvrage servile **(pas de travail).**

La première fête conduit à deux fêtes ensemble. La première nuit (14 du mois d'Âbîyb), la Pâque est célébrée (pain sans levain, herbes amères) ; mais cette première nuit est aussi la première nuit de la fête des Pains sans Levain. C'est donc une fête de 7 jours, et non de 8 jours.

Ils avaient besoin de :

Le sang de l'Agneau : ils en aspergeaient le linteau de la porte de chacun afin que lorsque l'ange de la mort (Mastema) passerait et le verrait, il passerait outre et ne ferait aucun mal au peuple de Yâshâral.

Les herbes amères : c'étaient des légumes semblables à de la laitue, symbolisant les souffrances ou l'amertume durant les 430 ans d'esclavage.

Le pain sans levain : cela signifiait qu'ils étaient prêts et pressés, qu'ils devaient se hâter de sortir de Mitsrayim, ce qui signifie qu'ils n'avaient pas le temps de faire lever la pâte.

La viande de l'agneau : rappelons-nous qu'ils devaient manger la viande de l'agneau cette nuit-là même (seulement la première nuit). Rien ne pouvait être laissé pour le lendemain et ils ne pouvaient briser aucun os.

Šhemōṯh 12 : Et ils en mangeront la chair cette nuit-là, rôtie au feu, avec du pain sans levain — Matstsâh ; et avec des herbes amères ils la mangeront.

Šhemōṯ 12 : Et ce jour vous sera un mémorial ; et vous le célébrerez comme une fête à **YAHUAH** dans toutes vos générations ; vous le célébrerez comme une fête par une **ordonnance perpétuelle.**

Šhemōṯh 12 : Pendant sept jours on ne trouvera point de levain dans vos maisons ; car quiconque mangera ce qui est levé, cette âme-là sera retranchée de l'assemblée de Yâshâral, qu'il soit étranger ou né dans le pays.

Au verset 14, il nous dit : dans toutes vos générations ; par un statut perpétuel.

Telle est la définition du terme perpétuel : ce qui dure et demeure pour toujours. Je pense que nous comprenons tous alors le terme utilisé dans la Bible, en d'autres termes, il signifie « **pour toujours, éternellement »**. Par conséquent, je ne comprends pas comment il se fait que certains disent que ces fêtes ont été abolies, si dans la Bible **YAHUAH** lui-même dit que nous devons les célébrer pour toujours.

Au verset 19, il nous dit que nous ne devons avoir aucun levain dans nos maisons durant ces jours. Voyons donc l'application du souper de la Pâque et des Pains sans Levain aujourd'hui. Comme le dit **YAHUAH**, c'est un rappel de ses merveilles envers son peuple.

Pesach signifie également « la Dernière Cène ou le Saint-Souper » que **YAHUSHA** célébra avec ses disciples.

Comme **YAHUSHA** répandit son sang pour le pardon de nos péchés une fois pour toutes, il devint alors le sacrifice parfait. Nous n'avons plus besoin du sang de l'agneau ni du sacrifice de l'agneau.

Pesach et Matstsah dans le Nouveau Testament

Matthieu 26 : 1. Lorsque **YAHUSHA** eut achevé tous ces discours, il dit à ses disciples : 2. Vous savez que la Pâque a lieu dans deux jours, et le Fils de l'homme sera livré pour être crucifié. 17. Le premier jour des Pains sans Levain, les disciples s'approchèrent de **YAHUSHA** et lui dirent : Où veux-tu que nous te préparions pour manger la Pâque ? 18. Il dit : « Allez dans la ville, chez un tel, et dites-lui : Le Maître dit : Mon temps est proche ; je célébrerai la Pâque chez toi avec mes disciples. 19. Et les disciples firent ce que **YAHUSHA** leur avait ordonné, et ils préparèrent la Pâque.

Marc 14 : 12. Le premier jour des Pains sans Levain, où l'on sacrifiait la victime pascale, ses disciples lui dirent : Où veux-tu que nous allions te préparer pour manger la Pâque ? 13. Il envoya deux de ses disciples et leur dit : Allez dans la ville, et un homme portant une cruche d'eau vous rencontrera. Suivez-le. 14. Et là où il entrera, dites au maître de la maison : Le Maître dit : Où est la salle où je pourrai manger la Pâque avec mes disciples ? 15. Et il vous montrera une grande chambre haute, toute préparée ; préparez-y pour nous. 16. Ses disciples partirent et entrèrent dans la ville, et trouvèrent comme il leur avait dit, et ils préparèrent la Pâque.

Luc 2 : 41. Ses parents allaient chaque année à Yarûshâlaim pour la fête de Pesach. 42. Et quand il eut douze ans, ils montèrent à Yarûshâlaim selon la coutume de la fête.

Luc 22 : 1. Or la fête des Pains sans Levain, appelée Pâque, approchait. 2. Et les principaux sacrificateurs et les scribes cherchaient comment le faire mourir ; car ils craignaient le peuple. 7. Le jour des Pains sans Levain arriva, où il fallait sacrifier la victime pascale. 8. Et **YAHUSHA** envoya Pierre et Jean, en disant : Allez nous préparer la Pâque, afin que nous la mangions. 9. Ils lui dirent : Où veux-tu que nous la préparions ? 10. Il leur dit : Voici, quand vous serez entrés dans la ville, un homme portant une cruche d'eau vous rencontrera ; suivez-le dans la maison où il entrera, 11. et dites au maître de la maison : Le Maître te dit : Où est la salle où je mangerai la Pâque avec mes disciples ? 12. Et il vous montrera une grande chambre haute toute meublée ; préparez-y. 13. Ils partirent et trouvèrent comme il leur avait dit, et ils préparèrent la Pâque. 14. Lorsque l'heure fut venue, il se mit à table, et les apôtres avec lui. 15. Il leur dit : J'ai désiré vivement manger cette Pesach avec vous avant de souffrir ; 16. Car je vous dis que je n'en mangerai plus jusqu'à ce qu'elle soit accomplie dans le royaume d'**ALOHIYM.** 17. Et ayant pris une coupe et rendu grâces, il dit : « Prenez-la et partagez-la entre vous ; 18. Car je vous dis que je ne boirai plus désormais du fruit de la vigne, jusqu'à ce que le royaume d'**ALOHIYM** soit venu. 19. Et ayant pris du pain et rendu grâces, il le rompit et le leur donna, en disant : Ceci est mon corps, qui est donné pour vous ; faites ceci en mémoire de moi. 20. De même, après le souper, il prit la coupe, en disant : Cette coupe est la nouvelle alliance en mon sang, qui est répandu pour vous.

Jean 2 : 13. La Pâque des Yahudiy était proche ; et **YAHUSHA** monta à Yarûshâlaim. 23. Pendant qu'il était à Yarûshâlaim, à la fête de la Pâque, beaucoup crurent en son nom, voyant les miracles qu'il faisait.

Jean 6 : 4. Or la Pâque, la fête des Yahudiy, était proche.

Jean 13 :1-30 Avant la fête de la Pâque, **YAHUSHA**, sachant que son heure était venue de passer de ce monde au Père, ayant aimé les siens qui étaient dans le monde, les aima jusqu'à la fin.

Actes 20 : Et nous, après les jours des Pains sans Levain, nous partîmes de Philippes en bateau, et en cinq jours nous les rejoignîmes à Troas, où nous séjournâmes sept jours. Le premier jour de la semaine, les disciples étant assemblés pour rompre le pain, Paul leur faisait un discours, devant partir le lendemain. Et il prolongea son discours jusqu'à minuit.

Actes 12 : Et voyant que cela plaisait aux Yahudiy, il fit aussi arrêter Pierre. C'étaient les jours des Pains sans Levain.

Actes 18 : Et ils le prièrent de rester plus longtemps avec eux ; mais il n'y consentit point, 21. mais prit congé d'eux en disant : Il faut absolument que je célèbre la fête qui vient à Yarûshâlaim ; mais je reviendrai vers vous, si **ALOHIYM** le veut. Et il partit d'Éphèse.

1 Corinthiens 5 : 6. Votre vanterie n'est pas bonne. Ne savez-vous pas qu'un peu de levain fait lever toute la pâte ? 7. Purifiez-vous donc du vieux levain, afin que vous soyez une pâte nouvelle, comme vous êtes sans levain ; car notre Pâque, qui est le Messie, a déjà été sacrifiée pour nous. 8. **Célébrons donc la fête, non avec le vieux levain**, ni avec le levain de la malice et de la méchanceté, mais avec les pains sans levain de la sincérité et de la vérité.

Matthieu 26 : Et pendant qu'ils mangeaient, **YAHUSHA** prit du pain, et l'ayant béni, il le rompit et le donna aux disciples, en disant :

Prenez, mangez ; ceci est mon corps. 27. Et il prit la coupe, et ayant rendu grâces, il la leur donna, en disant : « Buvez-en tous ; 28. Car ceci est mon sang, le sang de la nouvelle alliance, qui est répandu pour plusieurs, pour la rémission des péchés. 29. Je vous dis que je ne boirai plus désormais de ce fruit de la vigne, jusqu'au jour où j'en boirai du nouveau avec vous dans le royaume de mon Père **(YAHUAH)**.

Récapitulons les événements finaux de la vie terrestre du Messie.

Âbîyb 14 : Le Messie est arrêté, juste après avoir célébré la Pâque avec ses disciples. Il est jugé et déclaré coupable par Caïphe le souverain sacrificateur, les scribes et les anciens. Or les principaux sacrificateurs, les anciens et tout le conseil cherchaient un faux témoignage contre **YAHUSHA** pour le faire mourir.

Âbîyb 15 : YAHUSHA est flagellé et à 9h du matin (à la troisième heure du jour). Dès le matin, tous les principaux sacrificateurs et les anciens du peuple tinrent conseil contre **YAHUSHA** pour le faire mourir ; et ils le livrèrent à Ponce Pilate le gouverneur. Et ils le dépouillèrent et lui mirent un manteau écarlate, une couronne d'épines sur la tête et un roseau dans la main droite ; et ils crachèrent sur lui, prirent le roseau et le frappèrent sur la tête. Et après l'avoir ainsi bafoué, ils lui ôtèrent le manteau, lui remirent ses vêtements et l'emmenèrent pour l'empaler. Simon de Cyrène l'aida avec le poteau et ils l'empalèrent. Or, depuis la sixième heure (12h midi), il y eut des ténèbres sur tout le pays jusqu'à la neuvième heure (15h). Vers la neuvième heure (15h), ils lui donnèrent à boire du vinaigre mêlé de fiel. Puis **YAHUSHA** mourut avant la fin de ce jour. Avant 18 h, il fut mis dans le tombeau et oint avant 6h du matin.

Âbîyb 16 : premier jour dans le tombeau.

Âbîyb 17 : deuxième jour dans le tombeau.

Âbîyb 18 : troisième jour dans le tombeau. Le Messie ressuscite tôt le matin, juste avant le lever du soleil à 6h. Le Messie est ressuscité le Shabbâth ou samedi (jamais le dimanche).

Âbîyb 19 : le tombeau est vide, le Messie ressuscite le troisième jour, donc le samedi et non le quatrième jour qui serait le dimanche. Pierre est informé de la résurrection tandis que les disciples sont en cachette.

Cela signifie que :

Le sacrifice ou la viande de l'agneau n'est plus nécessaire car **YAHUSHA** fut le sacrifice parfait.

Le sang de l'agneau n'est plus nécessaire car **YAHUSHA** le répandit une fois pour toutes et pour le pardon de nos péchés. Maintenant, au lieu du sang, nous utilisons le vin, comme **YAHUSHA** le fit, représentant ainsi le sang répandu pour chacun d'entre nous. Rappelons-nous que nous utilisons du vin non fermenté car pendant ces fêtes, rien qui contienne du levain ne doit demeurer ou être utilisé dans nos maisons ; comme chacun le sait, le vin fermenté contient du levain.

Cependant, il y a un levain encore plus dangereux qui est le levain intérieur. Cela signifie que toute amertume, inimitié, rancœur, querelle ou discorde doit être ôtée de nos vies pendant ces célébrations.

Le pain sans levain nous représente le corps de **YAHUSHA** qui fut livré pour nous.

Quant aux herbes amères, elles représenteront toujours l'amertume, les douleurs, les vicissitudes et le dur labeur que nous avons traversés dans nos vies. En ce moment, nous les remettons à **YAHUSHA**.

Ainsi, en ce temps nous célébrons la Pâque et les Pains sans Levain :

Avec des herbes amères (légumes), des pains sans levain et du vin non fermenté.

Rappelons-nous que c'est une célébration, un rappel ou une fête de **YAHUAH.** Cela signifie qu'après avoir accompli les rituels **de manger le pain** (corps de **YAHUSHA** ou le signe que nous sommes prêts pour sa venue, tout comme l'était le peuple de Yâshâral, c'est-à-dire prêt à sortir de l'esclavage en Mitsrayim) et de **manger les herbes amères** (en mémoire des souffrances que le peuple de Yâshâral traversa pendant les 430 ans d'esclavage en Mitsrayim et des souffrances que **YAHUSHA** traversa.

En plus des souffrances que nous avons traversées dans nos vies en attendant d'en être délivrés) **et de boire le vin** (en mémoire de la façon dont le sang de l'agneau sauva tous les premiers-nés de Yâshâral et pas un seul ne mourut, et dont le sang de **YAHUSHA** nous libéra de l'esclavage du péché, nous donnant ainsi la vie éternelle en lui-même), nous incorporons dans nos vies la vraie signification de cette fête et c'est alors, à partir de ce moment, que nous pouvons poursuivre avec un dîner de gala ou tout type de célébration ou d'événement que vous jugez pertinent.

N'oublions pas que cette nuit-là le peuple de Yâshâral fut libéré par le signe du sang de l'agneau sur le linteau de la porte, mais tous les premiers-nés Mitsriy (Mitsrayim) moururent. De même que le sang de **YAHUSHA** fut répandu pour le pardon de nos péchés, nous pouvons célébrer notre fête avec un dîner de gala (c'est ainsi que je le fais) et partager avec tous les présents des histoires et des anecdotes bibliques, nous souvenant toujours de la grandeur de notre Créateur **YAHUAH** et de notre Sauveur **YAHUSHA**.

C'est une fête de joie qui se célèbre pendant 7 jours. En 2024, la fête de la Pâque et des Pains sans Levain s'est déroulée du 2 avril au 9 avril (sur le calendrier que tout le monde utilise, c'est-à-dire le grégorien). Certains se demanderont peut-être comment ils devraient célébrer ces Fêtes de **YAHUAH ou Fêtes bibliques**. Nous devons les célébrer avec joie, car nous nous souvenons de la grandeur de **YAHUAH** notre **ALOHIYM**. Dans mon cas, je préparais un banquet chaque jour de la fête, pendant les 7 nuits. J'organisais le banquet principal la première et la dernière nuit de la fête pour le délice et la joie de toute la famille et des invités rassemblés.

Plan de Rédemption : le premier jour est célébré la délivrance de tous les premiers-nés de Yâshâral ; c'est un reflet de la venue future qu'était l'agneau pascal **YAHUSHA** et qui fut livré pour nous **(il mourut lors de cette fête)**. De même, cela nous conduit à désirer célébrer de nouveau cette fête avec **notre Sauveur YAHUSHA.**

Application historique : la libération de Yâshâral de l'esclavage en Mitsrayim. Application future : mort de YAHUSHA sur la croix.

Application spirituelle : Foi et repentance dans le sang de **YAHUSHA.**

Le Plan de Rédemption dans les Pains sans Levain : Il commence la nuit même de la fête de la Pâque, puisque le lendemain matin, le peuple de Yâshâral fut libéré du joug de l'esclavage. Cette fête nous ramène à **YAHUSHA** et nous rappelle la souffrance lorsqu'il prit tout le poids de l'humanité sur ses épaules pour donner sa vie pour nous **(il fut ressuscité pendant cette fête)**. Nous nous souvenons du temps de l'esclavage et des vicissitudes avec l'espérance que bientôt notre Créateur **YAHUAH** et notre Sauveur **YAHUSHA** nous libéreront de tout joug éternel en demeurant dans la Nouvelle Yarûshâlaim.

Application historique : Le départ du peuple de Yâshâral de Mitsrayim ou la libération de l'esclavage, et la traversée de la mer Rouge.

Application future : sépulture et résurrection de **YAHUSHA** (prémices d'entre les morts).

Application spirituelle : purification et séparation des mauvaises choses dans notre vie, et commencement d'une nouvelle vie en **YAHUSHA,** le Mâshîyach.

La fête de Shâbûa (Pentecôte)

Wayyīqrā 23 : 9-16, Šhemōṯh 34 : 22, Šhemōṯh 23 : 16, Bemīḏbar 28 : 26, Jubilés 6 : 15-21.

C'est l'une des plus grandes fêtes de la Bible et elle est connue sous différents noms : fête des Semaines, fête des Moissons et fête des Prémices.

Voyons d'abord l'origine de cette fête lorsque Nôach et ses fils sortirent de l'arche dans le livre des **Jubilés 16 : 15-21 & 24 :**

15. Et Il donna à Nôach et à ses fils un signe qu'il n'y aurait plus jamais de déluge sur la terre. 16. Il plaça son arc dans la nuée comme signe de l'alliance éternelle qu'il n'y aurait plus jamais de déluge sur la terre pour la détruire, tous les jours de la terre. 17. C'est pourquoi il est ordonné et écrit sur les tables célestes **qu'ils doivent célébrer la fête des Semaines** en ce mois une fois par an, **pour renouveler l'alliance chaque année.** 18. **Et toute cette fête fut célébrée dans les cieux depuis le jour de la création jusqu'aux jours de Nôach**, vingt-six jubilés et cinq semaines d'années ; et Nôach et ses fils l'observèrent pendant sept jubilés et une semaine d'années, jusqu'au jour de la mort de Nôach, et depuis le jour de la mort de Nôach ses fils l'abandonnèrent jusqu'aux jours d'Abrâhâm, et ils mangèrent du sang. 19. Mais, Abrâhâm l'observa, et Yitschâq et Yaăqôb et ses enfants l'observèrent jusqu'à vos jours, et en vos jours les enfants de Yâshâral l'oublièrent jusqu'à ce que vous la célébriez de nouveau sur cette montagne. 20. Et toi, commande aux enfants de Yâshâral d'observer cette fête dans toutes leurs générations comme un commandement pour eux : un jour par an en ce mois ils célébreront la fête. 21. Car c'est **la fête des semaines et la fête des prémices :** Cette fête est double et de double nature : selon ce qui est écrit et gravé à son sujet, célèbre-la. **Et Nôach les ordonna pour lui-même comme fêtes pour les générations à jamais**, de sorte qu'elles sont devenues par là un mémorial pour lui.

Il y a beaucoup de choses que nous ne savons pas ou qu'on ne nous dit pas sur la fête des semaines ou Pentecôte. Comme vous pouvez le voir, elle remonte aux jours de la création, ce qui signifie qu'Âdâm fut le premier à la célébrer, puis Nôach, et elle fut perdue avec les enfants de **YAHUAH** chaque fois qu'ils s'égaraient. Le but de cette fête a toujours été de renouveler nos vœux ou notre alliance avec **YAHUAH**.

Âdâm la garda, Nôach la garda en renouvelant son alliance, Abrâhâm la garda en renouvelant son alliance, Yitschâq naquit et la garda en renouvelant son alliance, Yaăqôb la garda en renouvelant son alliance, Môshah la garda en renouvelant son alliance et en enseignant au peuple à la célébrer, **YAHUSHA** naquit lors de cette fête et est le sacrifice parfait pour le renouvellement de la nouvelle alliance.

Le mot hébreu Shâbûa signifie semaines, c'est pourquoi c'est **la fête des Semaines.** C'est une anticipation d'enthousiasme et d'attente puisque depuis le dernier Samedi de la fête des Pains sans Levain commence le décompte de l'« omer ». C'est ainsi que nous pouvons déterminer le jour de cette fête.

Wayyīqrā 23 : Et vous compterez pour vous depuis le lendemain du Shabbâth, depuis le jour où vous aurez apporté la gerbe de l'offrande agitée ; il y aura sept Shabbâth complets : 16. Jusqu'au lendemain du septième Shabbâth vous compterez cinquante jours ; et vous offrirez une nouvelle offrande de nourriture à YAHUAH (יהוה).

Nous devons compter sept Shabbâth à partir du dernier Shabbâth de la fête des Pains sans Levain, c'est-à-dire 7 semaines (7 x 7 = 49) et le jour suivant (jour 50) est la grande fête. C'est pourquoi elle est aussi appelée Pentecôte ; le mot vient du grec πεντηκοστή(pentecôte), signifiant « cinquantième ou 50e ». C'est la raison pour laquelle cette fête tombe toujours un dimanche, car nous comptons les 7 samedis et le jour suivant est la fête.

Wayyīqrā 23 : Et vous proclamerez ce jour même une sainte convocation ; vous ne ferez aucun ouvrage servile **(pas de travail) ; statut perpétuel (c'est pour toujours)** partout où vous habiterez dans toutes vos générations.

C'est la fête des cultivateurs. Le peuple de Yâshâral commençait sa moisson juste après la fête des Pains sans Levain, puis il avait sept semaines pour achever le temps de la moisson et l'avoir prêté afin de pouvoir apporter les prémices de ses récoltes comme offrande à **YAHUAH**.

Puisque les cultivateurs devaient se déplacer de leurs demeures vers le temple à Yarûshâlaim, c'était une fête de pèlerinage pour le peuple de Yâshâral.

Wayyīqrā 23 : Quand vous moissonnerez la récolte de votre pays, vous ne moissonnerez pas jusqu'au bord extrême de votre champ, et vous ne ramasserez pas ce qui reste après la moisson ; vous le laisserez pour le pauvre et pour l'étranger. Moi, **YAHUAH** votre **ALOHIYM**.

C'est pourquoi cette fête sert aussi à donner et à aider les pauvres et les sans-abris. C'est une fête où les tributs et les offrandes à **YAHUAH** proviennent de notre travail, c'est pourquoi une partie du produit de notre travail, nous l'offrons aux pauvres et aux étrangers comme signe ou rappel des bénédictions que **YAHUAH** nous accorde.

Actes 2 : Et soudain il vint du ciel un bruit comme celui d'un vent impétueux, et il remplit toute la maison où ils étaient assis. Et des langues, comme des langues de feu, leur apparurent, séparées les unes des autres, et se posèrent sur chacun d'eux. Et ils furent tous remplis du Rûach Qôdesh, et commencèrent à parler en d'autres langues, selon que le Rûach leur donnait de s'exprimer.

Les disciples célébraient la fête, tout le peuple de Yâshâral était dispersé parmi d'autres peuples ou nations qui venaient ou faisaient des pèlerinages pour célébrer cette fête solennelle. C'est à ce moment que les disciples se trouvent dans la salle selon l'ordonnance de **YAHUSHA** qui leur avait dit d'attendre le Rûach (esprit) d'**ALOHIYM** qui leur serait donné.

C'est alors qu'ils reçurent le Rûach d'**ALOHIYM** le jour de la Pentecôte (nouvelle alliance), et comme il y avait des gens de Yâshâral venant de toutes les nations où ils avaient été dispersés, les disciples commencèrent à parler en différentes langues et chacun les entendait parler dans sa langue natale.

Pour nous aujourd'hui, c'est la fête de la Pentecôte. Comme la plupart d'entre nous ne sont pas des cultivateurs et que nous ne cultivons plus de fruits mais avons des emplois de bureau, notre meilleure offrande à **YAHUAH ALOHIYM** est notre cœur, notre vie, notre temps et notre dévotion en célébrant cette fête qui rappelle les choses qu'Il fait chaque jour dans nos vies et ce qu'Il a fait durant l'année. C'est une grande célébration avec toutes sortes de fruits de la récolte, avec du vin, de la musique, de la danse et de la joie. C'est généralement une fête qui s'étend tout au long de la journée, car c'est une fête de salut où les gens peuvent donner leur vie à **YAHUSHA.** Dans le calendrier biblique de 2024, cette fête tombe le 26 mai. C'est le jour pour renouveler votre alliance avec **YAHUAH**.

Plan de Rédemption : nous célébrons les bénédictions, les récoltes et les fruits que **YAHUAH** nous a accordés. La veille de cette fête, **YAHUSHA** monte aux cieux et commence son règne comme notre souverain sacrificateur. Il démontra son succès dans la mission que le Père lui avait confiée et établit le modèle de son retour sur la terre. Enfin, pendant cette fête, la venue du Rûach d'ALOHIYM se réalisa.

Application historique : bénédictions des récoltes et célébration de la nouvelle alliance sur le Mont Sîynay. **Application future :** manifestation ou venue du **Ruach d'ALOHIYM** dans les cœurs humains.

Application spirituelle : croissance et connaissance dans la nouvelle Foi. Le renouvellement de notre alliance avec **YAHUSHA**.

La Fête des Trompettes

Wayyīqrā 23 : 23-25, Bemīḏbar 29 : 1-6

C'est la quatrième fête de l'année que **YAHUAH** nous commande de célébrer en souvenir et en l'honneur des grandes choses que **YAHUAH** a faites et fait dans nos vies. La Fête des trompettes est une alarme de guerre, un avertissement de paix.

Wayyīqrā 23 : Parle aux fils de Yâshâral, en disant : Le premier jour du septième mois sera pour vous un jour de repos, un **mémorial au son des trompettes,** une sainte convocation. Vous ne ferez aucun ouvrage servile **(pas de travail) ;** mais vous offrirez un sacrifice par le feu à **YAHUAH (יהוה).**

Le son des trompettes est utilisé pour transmettre des messages importants, c'est-à-dire un appel à une réunion, la mobilisation du peuple, le son des célébrations ou de la joie.

Or, si nous revenons au Nouveau Testament, nous voyons que le son des trompettes annonce la venue de **YAHUSHA** ou son retour pour retrouver son peuple.

1 Thessaloniciens 4 : Car **YAHUSHA** lui-même, avec un cri de commandement, avec la voix d'un archange et **avec la trompette de YAHUAH**, descendra du ciel ; et les morts dans le **Mâshîyach** ressusciteront premièrement.

C'est un jour de grande joie où nous nous rappelons les avertissements de l'Apocalypse et la seconde venue de notre Sauveur **YAHUSHA.**

Matthieu 24 : Alors paraîtra dans le ciel le signe du Fils de l'homme (**YAHUSHA)** ; et alors toutes les tribus de la terre se lamenteront, et elles verront le Fils de l'homme **(YAHUSHA)** venant sur les nuées du ciel avec puissance et une grande gloire. 31. Et il enverra ses anges **avec une grande voix de trompette**, et ils (les anges) rassembleront ses élus des quatre vents, d'une extrémité des cieux à l'autre.

1 Corinthiens 15 : En un moment, en un clin d'œil, **à la dernière trompette** ; car **la trompette sonnera**, et les morts ressusciteront incorruptibles, et nous serons transformés.

La Fête des trompettes est de la plus haute importance aujourd'hui et dans l'avenir. Lorsque nous la célébrons, nous devons nous souvenir des événements futurs évoqués par la fête des trompettes puisque nous annonçons la venue de **YAHUSHA**.

Au son de la septième trompette, le Mâshîyach revient et la trompette réveille ceux qui dorment et qui sont ressuscités en **YAHUSHA.**

Apocalypse 11 : Et le septième ange sonna de la trompette ; et il y eut dans le ciel de grandes voix qui disaient : Le royaume du monde est remis à notre **YAHUAH** et à son Mâshîyach ; et il régnera aux siècles des siècles.

Les trompettes nous appellent à nous réveiller, nous donnent un cri de guerre ou annoncent la bataille et nous avertissent qu'il y a un danger. Elles indiquent aussi la repentance et la seconde venue.

Âmôs 3 : La trompette sonne-t-elle dans une ville sans que le peuple soit dans la crainte ? Le malheur arrive-t-il dans une ville sans que **YAHUAH** l'ait fait ?

Ésaïe 27 : Et il arrivera en ce jour-là qu'on sonnera de la grande trompette, et ceux qui étaient prêts à périr dans le pays d'Ashshûr et les exilés dans le pays de Mitsrayim viendront et se prosterneront devant **YAHUAH** sur la montagne sainte à Yarûshâlaim.

Le son des trompettes servira aussi à convoquer ou à rassembler tous les serviteurs de **YAHUAH** des quatre extrémités de la terre afin qu'ils viennent s'unir pour adorer le Créateur de l'univers.

C'est une fête à laquelle nous sommes appelés à apporter une offrande d'agréable odeur à **YAHUAH,** ainsi notre cœur et notre volonté de célébrer sa fête et de la rendre réelle dans nos vies est l'une des meilleures offrandes que nous puissions donner en ce jour de joie. En plus de sonner des trompettes ou du son des trompettes en ce jour, nous pouvons partager les Écritures et les informations sur la venue de **YAHUSHA** lors d'un dîner en famille ou avec nos invités. Cette fête tombe le 16 septembre 2024.

Plan de Rédemption : cette fête nous annonce que le royaume de **YAHUAH** est proche et nous rappelle la seconde venue de **YAHUSHA** pour son peuple. Elle nous avertit aussi du danger de le faire attendre ou d'oublier son retour, nous présente la fin de la dernière moisson à la fin des temps lorsque ses élus seront rassemblés de tous les coins de la terre, et enfin nous rappelle les jugements qui viennent et les trompettes de l'Apocalypse.

Application historique : son et rappel de se préparer à la guerre.

Application future : annoncer la seconde venue de **YAHUSHA** et la résurrection des morts à venir.

Application spirituelle : entendre l'appel à la repentance dans nos vies et se souvenir que la fin est proche.

La fête ou jour des Expiations

(Yôm Kippûr)

Wayyīqrā 23 : 27

Wayyīqrā 23 : De plus, le dixième jour de ce septième mois, il y aura un **Yôm Kippûr :** ce sera pour vous une sainte convocation ; **et vous affligerez vos âmes,** et vous offrirez un sacrifice par le feu à **YAHUAH (יהוה.** Vous ne ferez aucun ouvrage ce jour-là ; car c'est un jour d'expiation, pour faire l'expiation pour vous devant **YAHUAH** (יהוה) votre **ALÔHÎYM** (אֱלֹהִים). Ce sera pour vous un Shabbâth de repos, et vous affligerez vos âmes ; le neuvième jour du mois, le soir, vous célébrerez votre Shabbâth, du soir au soir.

C'est une fête de **jeûne et de réconciliation** avec **YAHUAH** et **YAHUSHA. C'est un jour de jeûne, de prière et de lecture de la parole de YAHUAH.** Cette fête s'observe du soir au soir, en d'autres termes, elle commence au crépuscule du premier jour et se termine au crépuscule du jour suivant. En ce jour, il n'y a pas de nourriture car c'est un jour d'affliction de nos âmes et de rapprochement avec notre Créateur **YAHUAH** et Sauveur **YAHUSHA.** Cette fête est le rappel ultime que **YAHUSHA** paya l'offrande ou le sacrifice de nos péchés une fois pour toutes.

C'est un jour d'**alliance et de réconciliation ; en renouvelant nos vœux avec YAHUAH**, nous renouvelons notre contrat d'acceptation et de suivi de sa parole dans nos vies. Cette fête de Yôm Kippûr ou jour d'affliction de nos âmes tombe le 25 septembre 2024.

Plan de Rédemption : Après nous avoir maintenus en éveil et nous avoir donné la fête des trompettes et rappelé sa venue, il nous prépare pour le jour d'affliction de nos âmes. C'est le jour du renouvellement de notre alliance avec **YAHUAH**, de jeûne, de prière et de lecture de la parole. Ici nous nous repentons de nos péchés et cherchons son pardon et sa réconciliation, et retournons à l'obéissance de ses lois.

Application historique : Le souverain sacrificateur entre dans le lieu très saint pour le pardon du péché du peuple.

Application future : La venue de notre Souverain Sacrificateur et Sauveur **YAHUSHA** pour son peuple. **Application spirituelle :** don de nos vies dans la foi pour recevoir la vie éternelle en **YAHUSHA** notre Sauveur.

La fête des Tabernacles ou Sukkot

Wayyīqrā 23 : 34-36/ Jubilés 16 : 21-31

C'est l'une des trois plus grandes fêtes de la Bible ; elle dure 7 jours ou une semaine et deux fêtes sont célébrées au lieu d'une. Ce sont les deux dernières fêtes bibliques de l'année.

L'origine de cette fête remonte à Abrâhâm, le premier sur la terre à célébrer cette fête selon le livre des **Jubilés 16 : « Et** il bâtit là un autel à **YAHUAH** qui l'avait délivré et qui le faisait se réjouir dans le pays de son séjour, et il célébra une fête de joie en ce mois pendant sept jours, près de l'autel qu'il avait bâti au Puits du Serment. 22. Et il **bâtit des tentes** pour lui et pour ses serviteurs pendant cette fête, **et il fut le premier à célébrer la fête des tabernacles sur la terre.** 25. Et il célébra cette fête pendant sept jours, **se réjouissant de tout son cœur et de toute son âme, lui et tous ceux qui étaient dans sa maison, et il n'y avait aucun étranger avec lui, ni aucun incirconcis.** 29. C'est pourquoi il est **ordonné sur les tables célestes concernant Yâshâral, qu'ils célébreront la fête des tabernacles sept jours avec joie,** dans le septième mois, agréable devant **YAHUAH**, un statut pour toujours dans toutes leurs générations chaque année. 31. Et Abrâhâm prit des branches de palmiers et des fruits de beaux arbres, et chaque jour faisant le tour de l'autel avec les branches sept fois par jour le matin, il louait et rendait grâces à son **ALOHIYM** pour toutes choses dans la joie.

De ces versets du livre des Jubilés, nous pouvons voir comment Abrâhâm célébra la Fête des Tabernacles et comment elle fut établie dans les tables célestes comme une ordonnance pour toujours.

Wayyīqrā 23 : Parle aux fils de Yâshâral, en disant : Le quinzième jour de ce septième mois sera **la fête de Sûkkâh**, pendant sept jours, pour **YAHUAH (יהוה).** Le premier jour, il y aura une sainte convocation : **vous ne ferez aucun ouvrage servile.** Pendant sept jours vous offrirez un sacrifice par le feu à **YAHUAH** (יהוה) ; le huitième jour vous aurez une sainte convocation, et vous offrirez un sacrifice par le feu à **YAHUAH (יהוה)** : c'est une assemblée solennelle ; **vous ne ferez aucun ouvrage servile.**

La fête des Tabernacles est l'une des fêtes les plus passionnantes de la Bible. Nous avons l'occasion de vivre ce que c'est que de demeurer ou de vivre dans des tabernacles, « tentes ou cabanes », pendant sept jours.

Wayyīqrā 23 : Et vous prendrez le premier jour des branches de beaux arbres, des branches de palmiers, des rameaux d'arbres touffus et des saules de ruisseau ; et vous vous réjouirez devant **YAHUAH** votre **ALÔHÎYM** pendant sept jours. Vous célébrerez cette fête à **YAHUAH** pendant sept jours chaque année. **Ce sera un statut perpétuel dans toutes vos générations** : vous la célébrerez dans le septième mois. Vous demeurerez dans des tentes pendant sept jours ; tout indigène en Yâshâral demeurera dans des tentes. Afin que vos générations sachent que j'ai fait habiter les fils de Yâshâral dans des tentes, quand je les ai fait sortir du pays de Mitsrayim : Je suis **YAHUAH** votre **ALÔHÎYM**.

L'idée de cette fête est de construire ou d'ériger des tentes et d'y demeurer pendant sept jours ; nous pouvons les faire dans notre jardin, aller à la montagne, aller à la campagne ou partout où nous nous sentons le plus à l'aise. Le but est que nous utilisions les tentes, cabanes ou campements comme un rappel à nos enfants et à toutes les générations futures des merveilles que **YAHUAH** a faites pour nous tous.

La fête des Tabernacles a aussi une ramification future, **Zekaryâhû 14 :** Et il arrivera que quiconque sera resté de toutes les nations qui seront venues contre Yarûshâlaim montera d'année en année pour adorer le Roi, **YAHUAH Tsâbâ,** et pour célébrer **la fête de Sûkkâh**. Et il sera que quiconque parmi toutes les familles de la terre ne montera pas à Yarûshâlaim pour adorer le Roi, **YAHUAH Tsâbâ,** la pluie ne tombera pas sur eux. Et si la famille de Mitsrayim ne monte pas et ne vient pas, la pluie ne tombera pas sur eux non plus ; ce sera la plaie dont **YAHUAH** frappera les nations qui ne monteront pas pour célébrer **la fête de Sûkkâh.** Ce sera le châtiment de Mitsrayim et le châtiment de toutes les nations qui ne monteront pas pour célébrer **la fête de Sûkkâh.**

Hôshêa 12 : Et moi, **YAHUAH** ton **ALÔHÎYM**, depuis le pays de Mitsrayim, je te ferai encore demeurer dans des tentes, comme aux jours de la fête solennelle.

Apocalypse 21 : Et j'entendis une grande voix venant du ciel, qui disait : Voici **le tabernacle de YAHUAH** avec les hommes ! Il habitera avec eux, et ils seront son peuple, et **YAHUAH** lui-même sera avec eux comme leur **ALOHIYM**.

Ce sont des versets prophétiques qui nous disent que **YAHUAH** nous fera demeurer dans des tabernacles comme lors des fêtes et les célébrer. Cela signifie que ceux qui ne les célèbrent pas subiront des conséquences dévastatrices. Et ce qui est encore plus important, c'est que lorsque **YAHUSHA** commencera son règne millénaire, toutes les nations de la terre monteront à Yarûshâlaim pour célébrer la Fête des Tabernacles.

Et à la fin de tous les temps dans **l'Apocalypse 21,** Jean nous parle du nouveau ciel et de la nouvelle terre, la nouvelle Yarûshâlaim ; il nous dit que **YAHUAH** lui-même demeurera avec nous dans Son tabernacle, faisant ainsi référence à la fête des tabernacles. Comment est-il possible que beaucoup de gens disent que cette fête est déjà passée ? Peut-être ne lisons-nous pas la même Bible alors. La fête des Tabernacles est la dernière fête de l'année et est la plus importante ; c'est une fête de joie et de réjouissance avec notre Créateur **YAHUAH** et notre Sauveur **YAHUSHA.**

En conclusion, lors de cette fête, nous allons nous réjouir avec **YAHUAH** en utilisant des branches d'arbres et des palmiers ; prenons ce moment pour construire ou dresser les tentes avec nos enfants ou nos proches. Nous pouvons aussi construire la tente ou le campement en bois et faire un toit de branches de palmier. C'est une expérience unique dans laquelle nous pouvons cuisiner en plein air et dans des feux de camp ou sur des pierres comme le faisaient nos ancêtres. Cette fête tombe du 1er au 8 octobre 2024.

La Fête du Huitième Jour

Wayyīqrā 23 : 39 / Jubilés 32 : 27-29

Comme indiqué précédemment, il y avait sept jours dans la fête des tabernacles ; cependant, Yaăqôb ajouta un jour supplémentaire selon le livre des Jubilés et selon les instructions de **YAHUAH.**

Jubilés 32 : 27-29 : 27. Et il célébra là encore un autre jour, et il y sacrifia selon tout ce qu'il avait sacrifié les jours précédents, et il appela son nom « Addition », car ce jour fut ajouté, et les jours précédents il les appela « La Fête ». 28. Et ainsi il fut manifesté que cela devait être, et il est écrit sur **les tables célestes** : c'est pourquoi il lui fut révélé qu'il devait la célébrer et l'ajouter aux sept jours de la fête.

Cette addition est ce que nous appelons la fête du huitième jour dans **Wayyīqrā 23.** Par conséquent, la fête des tabernacles est prolongée jusqu'au 8e jour.

Wayyīqrā 23: Aussi le quinzième jour du septième mois, quand vous aurez recueilli les fruits de la terre, vous célébrerez **la fête** de **YAHUAH pendant sept jours :** le premier jour sera un Shabbâth, et **le huitième jour sera un Shabbâth.**

Notre Sauveur et ses disciples célébrèrent aussi ces fêtes ; nous pouvons le voir dans la citation biblique suivante en **Jean 7 :** « ou **la fête des tabernacles** des Yahudiy était proche. **Le dernier et grand**

jour de la fête, YAHUSHA se leva et éleva la voix, en disant : « Si quelqu'un a soif, qu'il vienne à moi et qu'il boive. » 38. Celui qui croit en moi, comme dit l'Écriture, des fleuves d'eau vive couleront de son sein. 39. Il dit cela de l'Esprit que devaient recevoir ceux qui croiraient en lui ; car le Rûach d'**ALOHIYM** n'était pas encore venu, parce que **YAHUSHA** n'avait pas encore été glorifié.

Ce dernier et grand jour de la fête fait référence au dernier jour de la Fête des Tabernacles ; c'est le grand jour de clôture et de culmination des fêtes bibliques de cette année. En ce jour, nous retournons de la fête des tabernacles à notre demeure habituelle.

Apocalypse 21 : 1-3 : Et je vis **un nouveau ciel et une nouvelle terre ;** car le premier ciel et la première terre avaient disparu, et la mer n'existait plus. Et moi, Jean, je vis **la sainte cité, la nouvelle Yarûshâlaim,** qui descendait du ciel d'auprès d'**ALOHIYM**, préparée comme une épouse ornée pour son mari. Et j'entendis une grande voix venant du ciel qui disait : Voici **le tabernacle d'ALOHIYM** avec les hommes ! Il habitera avec eux **(YAHUSHA)**, et ils seront son peuple, et ALOHIYM lui-même sera avec eux et sera leur **ALOHIYM.**

Ne savez-vous pas que **YAHUSHA** est notre Tabernacle ? Ne voyez-vous pas combien la fête des Tabernacles est importante dans nos vies?

C'est pourquoi le huitième jour est considéré comme le grand jour, car c'est la clôture ou la culmination de cette fête importante et passionnante de **YAHUAH** dans nos vies. Ce jour tombe le 8 octobre 2024.

Plan de Rédemption : il nous montre la descente de **YAHUSHA** comme notre tabernacle dans le royaume millénaire de notre Sauveur. C'est la fête finale ou grande fête où nous serons avec notre Créateur **YAHUAH** et notre Sauveur **YAHUSHA.** En ce moment, il n'y aura plus de pleurs, plus de douleurs, plus de craintes, car ce sera notre rédemption éternelle et notre demeure en **YAHUSHA.**

Application historique : entrée dans la Terre promise et grande réjouissance du peuple.

Application future : temps messianique ou le millénaire de **YAHUSHA**, une période de mille ans durant laquelle il règne avec son peuple.

Application spirituelle : repos dans le sein de **YAHUSHA** et de Son royaume dans nos vies et nos cœurs ; notre repos éternel dans les bras de notre Sauveur.

À travers les **Sept Fêtes de YAHUAH**, nous pouvons clairement voir son plan de rédemption de toute l'humanité que **YAHUAH** a préparé et dans lequel Il nous commande de célébrer et d'apprendre avec des choses terrestres afin de jouir éternellement des choses spirituelles avec Lui.

Si nous pouvons voir et comprendre le plan de rédemption de **YAHUAH** et le rendre réel dans nos vies, nous verrons un rapprochement avec **YAHUAH** dans notre réalité personnelle. Seuls ceux qui célèbrent les fêtes de **YAHUAH** seront vigilants et sur leurs gardes dans l'attente de la venue de **YAHUSHA**. Les fêtes sont un rappel constant que nous devons être préparés chaque année pour sa venue.

Lorsque ses fêtes sont présentes dans nos vies, nous désirerons ardemment l'arrivée du moment de la célébration des fêtes, nous serons préparés et nous entendrons la trompette qui annonce la venue de notre Sauveur **YAHUSHA.**

Au début de l'année, nous nous souvenons du sacrifice rédempteur de **YAHUSHA** et de sa résurrection lors de la fête de Pesach et de Matstsah ; puis nous commençons à compter 50 jours pour célébrer la venue du Ruach d'ALOHIYM lors de la fête de la Pentecôte, et comme si cela ne suffisait pas, nous nous préparons à sonner des trompettes annonçant sa seconde venue. Pendant que nous nous souvenons de la Seconde Venue de notre Sauveur, nous prenons le moment pour renouveler notre alliance et notre relation avec **YAHUSHA** au Jour des Expiations et nous nous préparons en même temps à entrer dans le tabernacle de notre Créateur **YAHUAH** et à régner avec notre Sauveur **YAHUSHA** dans le royaume du millénaire.

Il est évident que le plan magistral de **YAHUAH** est infaillible et que ceux qui écoutent et obéissent à ses commandements, statuts et préceptes, et qui gardent ou célèbrent aussi ses fêtes, seront toujours vigilants. En rendant ces fêtes réelles dans nos vies, nous faisons en sorte que le plan de rédemption de YAHUAH soit de plus en plus clair et vrai dans nos cœurs. Nous aurons toujours son plan magistral présent dans nos vies, par conséquent, nous sommes vigilants et préparés pour son retour. **HâlalYÂH.**

Les sept fêtes de YAHUAH en 2022

Ces sont les 7 fêtes bibliques les plus importantes et celles dont nous devons nous souvenir tant que nous avons la vie ou tant que nous sommes encore en vie. Elles apportent la joie et l'allégresse de **YAHUAH** dans nos vies et dans celles de nos familles et amis. L'idée derrière ces fêtes est une grande joie afin que nous nous souvenions toujours et ayons des raisons de nous réjouir en **YAHUAH**.

Je vous laisse ici un tableau avec les noms des 7 fêtes bibliques et les jours où elles tombent en l'année 2024 dans le calendrier grégorien.

1	Dîner de la Pâque / Premier Shabbâth des Pains sans Levain. Šhemōṯh 12	2 Avril
2	Le deuxième Shabbâth des Pains sans Levain. Šhemōṯh 12 & Wayyīqrā 23	9 Avril
3	Fête de la Pentecôte (Fête des Semaines) Wayyīqrā 23 : 9-16 / Šhemōṯh 34 : 22	26 Mai
4	Fête des Trompettes Šhemōṯh 23 : 15-16 ; Debārīm 16 : 16 ; Wayyīqrā 23 : 23 : 23-25 ; Bemīḏbar 29 : 1-6	16 Septembre
5	Jour des Expiations (Yôm Kippûr) Wayyīqrā 23 : 27 - Jeûne, prière, lecture de la parole et repentance.	26 Septembre
6	Fête des Tabernacles Wayyīqrā 23 : 34-35	1er Octobre
7	La fête du Huitième Jour Wayyīqrā 23 : 39	8 Octobre

Soixante-dix fêtes ou célébrations bibliques par An

En recensant les fêtes et célébrations dans la Bible, nous pouvons trouver 70 jours par an.

Sept fêtes par an : Pesach, Matstsah, Pentecôte, Trompettes, Expiations, Tabernacles, Huitième jour.

52 Shabbâth par an : chaque samedi est considéré comme une fête, car c'est le jour de repos établi par YAHUAH depuis le tout premier commencement et c'est une ordonnance POUR TOUJOURS.

Onze bénédictions au commencement de chaque mois : nous trouverons dans la Bible de nombreux versets parlant des bénédictions ou de la célébration du premier jour de chaque mois ; il est triste de dire qu'elle fut frauduleusement modifiée par une mauvaise traduction.

Au lieu d'utiliser le terme correct pour la traduction du mot hébreu « chôdesh », qui est **MOIS** ; dans la plupart des traductions, il a été remplacé incorrectement par le mot « lune ». Ce faisant, ils ont pu dissimuler une pratique biblique normale de bénir le mois au commencement de chaque mois. Cependant, nous avons finalement restauré la traduction de la Bible à sa signification correcte.

N'hésitez pas à lire ces versets en utilisant notre version restaurée de la Bible sur https://www.yahuahbible.com et vous verrez la signification correcte.

« 1 Shemûêl 20 : 5, 18 & 24, 2 Melāḵîm 4 : 23, Tehīllīm 81 : 3, Yashayâhû 66 : 23 ». Ce ne sont là que quelques versets.

Il est très important de comprendre que ces onze événements ne sont ni des fêtes ni des Shabbâth dans la Bible ; ce sont des célébrations présentant chaque mois à **YAHUAH.** Il y en a 11 parce que la fête des trompettes commence toujours le premier jour du septième mois, par conséquent, la bénédiction du nouveau mois est célébrée conjointement avec la fête des trompettes.

CHAPITRE IV

L'Alphabet Hébreu

Il est essentiel de connaître certaines choses importantes sur l'alphabet hébreu car cela nous aidera à comprendre les explications et les instructions que l'on trouve dans cette étude. Tout d'abord, rappelons-nous que l'hébreu était la langue originelle de **YAHUAH,** la langue de la Bible et du peuple de Yâshâral, ce qui nous indique que l'hébreu nous ramène à l'origine de tout ce que nous connaissons et savons.

Paroles	Nom			
א	ב	ג	ד	ה
Alef (silent)	Bet	Gimel (guimel)	Dalet	he (heh)
ו	ז	ח	ט,	י
Waw (au)	Zayin	Cheth	Thet	Yod (yad)
ך כ	ל	ם מ	ן נ	ס
Kaf	Lamed	Mem	Nun	Samech
ע	ף פ	ץ צ	ק	ר
Ayin	Ep	Tsade	Kof	Resh
	ש	ת		
	Shin	Taw		

Remarques importantes sur l'Alphabet :

L'hébreu n'a pas de lettre J.

La lettre J existe depuis environ 500 ans. En fait, dans la version du roi Jacques de la Bible datant de l'an 1611, le J n'apparaît pas car il n'existait pas encore. Rappelons-nous que la lettre J n'existait pas dans la plupart des langues, y compris l'hébreu, le latin, l'anglais, l'espagnol, l'allemand et bien d'autres langues.

L'hébreu n'a pas de lettre V.

À l'origine, il n'y avait que le son de waw (u), cependant, les Yahudiy ashkénazes (Pharisiens et scribes) créèrent leur propre version et insérèrent, ou modifièrent, la prononciation de waw (u) en v. Ce que nous connaissons aujourd'hui comme le son v, était en réalité le son w ou u. En fait, même aujourd'hui la lettre v est prononcée comme « u ou w ».

Le but de partager l'alphabet hébreu est de mieux comprendre pourquoi nous utilisons les noms corrects de notre Créateur **YAHUAH** et de notre Sauveur **YAHUSHA**.

CHAPITRE V

Le Nom de YAHUAH

(יהוה)

Au fil des années, on nous a dit beaucoup de choses incertaines sur ce qu'est le vrai nom de notre Créateur ; tous ces noms qui circulent et sont proclamés dans les chaires ont été mal représentés et aucun d'eux n'est le vrai nom.

Son vrai nom est **YAHUAH** (יהוה). Ces quatre lettres en hébreu sont celles utilisées pour le nom de **YAHUAH**, qui ont été mal interprétées et ont donc obscurci le vrai nom de notre Créateur. Telle est la lecture du nom de notre **ALOHIYM.**

Y	Y	י
AH	He (au début d'un mot il se lit He, mais au milieu, seul ou à la fin il se lit AH. Le h sonne comme le H anglais, mais plus fort, il n'est pas muet)	ה
U	Waw (représente la voyelle OU en Francais)	ו
AH	He (au début d'un mot il se lit He, mais au milieu, seul ou à la fin il se lit AH. Le h sonne comme le H anglais, mais plus fort, il n'est pas muet)	ה

Il n'est pas nécessaire d'être un scientifique pour lire ces acronymes, et encore moins pour les assembler et lire correctement le nom de **YAHUAH**. Les lettres sont 1. **Y** 2. **AH** 3. **U** 4. **AH.** Si nous les assemblons, nous obtiendrons le nom de notre Créateur **YAHUAH**. N'oublions pas que le H n'est pas muet, mais dans la langue hébraïque il sonne lorsqu'il est au début et lorsqu'il est au milieu d'un mot. Cependant, s'il est situé à la fin, il tend à être muet.

Qui a changé Son nom dans la Bible ?

Les Yahudiy appelés Ashkénazes ou Pharisiens (scribes) créèrent le dogme ou la superstition que le Nom de **YAHUAH** était trop sacré pour être prononcé, et ils décidèrent alors frauduleusement de cesser d'articuler Son nom. Même les Pharisiens (scribes) Ashkénazes ou Yahudiy eux-mêmes décidèrent d'utiliser le titre d'Adonay, qui signifie Seigneur, au lieu du nom de **YAHUAH**. Malgré le fait que dans l'écriture de l'hébreu originel, il soit encore intact, ils décidèrent de le prononcer comme Adonay et créèrent ainsi cette tradition et accomplirent les prophéties qui disent que, avec le temps et en péchant avec des dieux païens, ils oublieraient Son vrai nom : **YAHUAH**.

Après la destruction du temple à Yarûshâlaim, le nom fut oublié. Cependant, il apparaissait encore dans les Écritures hébraïques. Malgré cela, au moment de traduire les textes, Rome paya ses traducteurs pour supprimer le nom de **YAHUAH** de la Bible et le faire remplacer par le titre de Seigneur (ou Baal). Il est important de noter que ce titre ne s'applique pas seulement à n'importe qui, mais provient aussi du nom de Baal, un dieu païen haï par **YAHUAH**.

C'est ainsi que le nom de **YAHUAH** fut remplacé dans la Bible par le nom de Baal ou Seigneur. Bien qu'il ait toujours été présent dans le texte hébreu originel, le nom de **YAHUAH** fut supprimé de la Bible environ 7 000 fois. Dans les traductions en d'autres langues, le nom de **YAHUAH** a été EFFACÉ.

Enfin, nous ne devons pas oublier que **YAHUAH**, en tant qu'**ALOHIYM** de Yâshâral, était haï par les Grecs et les Romains, qui essayèrent donc d'effacer son nom de la Bible lorsque Constantin unit l'Église et l'État.

Le Nom de Yah (יה)

Tout d'abord, il est important de se rappeler que le nom de **YAHUAH** a une version courte, c'est-à-dire que Son nom comporte 4 lettres, mais la version courte ne comprend que les deux premières lettres.

La version courte de son nom est **YAHU** ou **YAH** (יה)

Y	Y	י
AH	He (au début d'un mot il se lit He, mais au milieu, seul ou à la fin il se lit AH. Le h sonne comme le H anglais, mais plus fort, il n'est pas muet)	ה

Normalement, nous disons **YAH** ou **YAHU** qui est la façon dont se présente la version courte du nom de **YAHUAH.** Cette version réduite est celle utilisée dans les noms des prophètes et serviteurs de **YAHUAH**. Ils montrent comment leurs noms font partie du Créateur. Par exemple : Eli**YAHU** ou Eli**YAH** (Élie) - Yirme**YAHU** ou Yirme**YAH** (Yirmeyâhû) - Yesha**YAHU** ou Yesha**YAH** (Ésaïe).

Cette version courte apparaît environ 50 fois dans la Bible, se référant par elle-même à **YAHUAH** et d'innombrables fois en combinaison avec les noms d'autres personnages bibliques.

Le nom de YAHUAH est-il dans la Bible ?

Bien sûr qu'il l'est, il l'a toujours été et il le sera toujours, approximativement 7 mille fois. Regardez simplement la Bible en hébreu et vous réaliserez que son nom s'y trouve. Vous pouvez aussi regarder la traduction de votre Bible et vous verrez que là où ils ont mis le titre de Seigneur avec une majuscule et dans certains cas en toutes lettres majuscules, ils remplacent le nom de **YAHUAH**. Ils utilisent aussi le terme ALOHIYM pour ne pas propager le vrai nom de **YAHUAH**. Cela signifie que OUI, le nom de **YAHUAH** est encore intact dans la langue originelle (hébreu) ; ce n'est que dans les traductions qu'ils l'ont caché. Cependant, dans les derniers temps et selon les prophéties, Son nom « **YAHUAH** » sera connu dans le monde entier car il sera restauré. C'est ce que nous faisons aujourd'hui, restaurer le vrai nom de notre Créateur **YAHUAH.**

Il est curieux de pouvoir trouver dans la traduction de la Bible en swahili, la translittération du vrai nom de notre Créateur **YAHUAH**. Logiquement, après les révisions de cette Bible, ils ont changé le nom de notre Créateur.

Pourquoi est-il important de connaître le nom de YAHUAH ?

Ne pensez-vous pas que connaître le vrai nom de notre Créateur est un fait important ? Nous, les êtres humains, allons à certaines extrémités justes pour que notre nom soit reconnu. En fait, lorsqu'on nous appelle par un autre nom, nous nous mettons même en colère et nous nous disputons, parce qu'il est important que les autres connaissent notre nom correctement puisque c'est notre identité unique et ce qui nous distingue des autres. Si votre nom est Pierre et que vous entendez quelqu'un appeler Paul, il est logique que vous ne vous retourniez pas car ce n'est pas votre nom. Mais, si vous entendez quelqu'un dire : « Pierre, Pierre » … vous vous retournerez immédiatement et prêterez attention, car vous savez que c'est votre nom.

Combien plus important alors est le nom du Créateur de l'univers et de tout ce qui existe. Si **YAHUAH** ne voulait pas que nous connaissions son vrai nom et le prononcions correctement, pourquoi alors le nom de **YAHUAH** est-il présent environ 7 mille fois dans l'Ancien Testament ? Notre Créateur est connu par beaucoup de noms, mais il n'y en a qu'UN qui est son vrai nom et par lequel Lui seul est appelé. Rien ni personne d'autre dans les cieux, sur la terre ou sous la terre n'a ce nom car il est réservé UNIQUEMENT et exclusivement à **YAHUAH**.

Jean 14 : 13. Et tout ce que vous demanderez au Père **(YAHUAH)** en mon nom **(YAHUSHA)**, je le ferai, afin que le Père **(YAHUAH)** soit glorifié dans le Fils (**YAHUSHA).**

Ainsi, si nous demandons quelque chose à **YAHUAH** au nom de **YAHUSHA,** nous le recevrons. Mais, comment allons-nous recevoir quelque chose si nous ne savons même pas à qui nous demandons, et encore moins au nom de qui nous le demandons ? C'est la principale raison pour laquelle nous demandons toujours et encore, mais ne recevons jamais : nous ne savons pas comment demander et nous ne demandons pas correctement.

Si nous rencontrons quelqu'un dans la rue et qu'il nous dit : « Pierre, donne-moi quelque chose à manger car je n'ai rien à manger », la première chose que nous faisons est de lui dire : « Mon nom n'est pas Pierre, mon nom est (par exemple) Jacques. » Et si nous sommes de bonne humeur et que nous nous sentons miséricordieux, alors nous décidons de lui donner quelque chose, nous ne lui donnons pas beaucoup car il ne s'adresse pas à nous correctement, au lieu de cela il pense que nous sommes quelqu'un d'autre. Cependant, nous lui donnons quelque chose par la bonté de notre cœur.

Maintenant, si nous rencontrons quelqu'un qui nous appelle par notre nom, la première chose qui se passe est que nous montrons notre étonnement. Puis, parce qu'il nous appelle par notre nom, nous lui donnons ce qu'il demande et bien davantage, car nous sommes heureux qu'une telle personne nous reconnaisse et nous appelle par notre nom. Par conséquent, nous débordons de générosité.

Pensez à ces deux scénarios et mettez-vous ensuite à la place de **YAHUAH** ; vous serez en mesure de mieux comprendre ce que je dis. Il est de la plus haute importance que nous connaissions son vrai nom **YAHUAH** et le nom de son fils **YAHUSHA.**

Autres noms de YAHUAH dans la Bible

La Bible enregistre d'autres noms qui ont été utilisés depuis le commencement des temps pour se référer à **YAHUAH**. Ceux-ci peuvent être des titres pour se référer à Lui dans une situation spécifique ou pour faire allusion à une certaine expérience de l'un des personnages bibliques.

Alôhıym (ימִלֹהֱא) : c'est le premier nom qui apparaît dans la Bible, dans **Berēšhīṯh 1** : 1. Au commencement, **Alôhıym** créa les cieux et la terre. Il est essentiel de mentionner que ce terme apparaît environ 2 601 fois dans l'Ancien Testament et qu'il est utilisé pour se référer au Créateur **YAHUAH** ainsi qu'à d'autres dieux, idoles ou divinités païens. D'autre part, il est aussi important de souligner que le terme « **Alôhıym** » est au pluriel, c'est-à-dire qu'il signifie « dieux ».

Al (לֵאאֵל) : signifie « le Tout-Puissant » et apparaît environ 242 fois dans l'A.T. **Berēšhīṯh 35 : …fais**-y un autel à **l'Al** qui t'est apparu quand tu fuyais devant ton frère Êśâw.

ALÔAH (והֹלֱא) : forme singulière de Alôhıym et apparaît environ 57 fois dans l'A.T. **Debārīm 32 : …** Alors il abandonna **ALÔAH** qui l'avait fait…

ALÂH (הָלֱא) : apparaît environ 95 fois dans l'A.T. **Daniel 2:** …À toi, ô **Alâh** de mes pères...

En bref, il existe de nombreuses combinaisons qui utilisent les noms mentionnés ci-dessus et qui conduisent à un nombre incalculable de noms. Cependant, le nom propre ou principal est **YAHUAH.**

Titres, attributs et combinaisons des noms de YAHUAH

Comme mentionné ci-dessus, en plus des noms principaux de **YAHUAH**, il existe aussi des titres, des attributs et des combinaisons selon une situation ou circonstance spécifique.

Combinaisons avec Al (לָא) :

Al Alyôn (וןְילֶע) - Le Très-Haut. **Berēšhīṯh 14 :** Et **Malkîy-Tsedeq,** roi de **Shâlêm**, apporta du pain et du vin : et il était le **Kôhên** du Très-Haut **Alyôn Al.**

Al Rŏıy (יִאָר) - Celui qui voit. **Berēšhīṯh 16 :** Et elle appela le nom de **YAHUAH (יהוה)** qui lui avait parlé : Tu es **AL Rŏîy** ; car elle dit : N'ai-je pas aussi regardé ici celui qui me voit ?

Al Shadday (ידש) - Le Tout-Puissant. **Berēšhīṯh 17 :** Or quand Abrâm eut quatre-vingt-dix-neuf ans, **YAHUAH** apparut à Abrâm et lui dit : Je suis **SHADDAY AL** ; marche devant moi et sois parfait.

Al Ôlâm (םָולֹע) - L'Éternel. **Berēšhīṯh 21 :** Et Abrâhâm planta un bois à Beêr Sheba, et invoqua là le nom de **YAHUAH**, l'**OLAM ÊL.**

Al Alôhay Yâshâral (אֵלאֱלֹהֵייִשְׂרָאֵל) - Al **de Yâshâral. Berēšhīṯh** 33 : Et il érigea là un autel et l'appela Al **Alôhay-Yâshâral**.

Combinaisons avec YAHUAH (יְהֹוָה) :

YAHUAH Yirah (יְהֹוָהיִרְאֶה) - YAHUAH pourvoira. **Berēšhīṯh 22 :** Et Abrâhâm appela ce lieu **YAHUAH YIR'EH** : comme on dit aujourd'hui : Sur la montagne de **YAHUAH**, il sera vu.

YAHUAH Nissıy (יְסִניִהוָֹה) - **YAHUAH** est mon étendard**. Šhemōṯ 17** : **Et Môshah bâtit un autel et l'appela** YAHUAH Nissîy.

YAHUAH Shâlôm (יְהֹוָהשָׁלוֹם) - **YAHUAH** est paix. **Šhōphṭīm 6 :** Alors Gidôn bâtit là un autel à **YAHUAH** et l'appela **YAHUAH Shâlôm** : jusqu'à ce jour il est encore à Ophrâh des Ăbîy Hâezrîy.

YAHUAH Tsâbâ (אָבָצ) - YAHUAH des Armées. **1 Shemûêl 1 :** Et cet homme montait chaque année de sa ville pour adorer et sacrifier à **YAHUAH Tsâbâ** à Shîylôh. Et les deux fils d'Êlîy, Chophnîy et Pîynechâs, les kôhên de **YAHUAH**, étaient là.

YAHUAH Tsedek (קֶדֶצ) - YAHUAH est notre justice. **Yirmeyâhû 23 :** En ses jours, Yahûdâh sera sauvé et Yâshâral habitera en sécurité ; et voici le nom dont on l'appellera **: YAHUAH** notre **TSEDEQ**.

YAHUAH Shâm (םָש) - YAHUAH est là. **Yechezqêl 48 :** Il y avait tout autour dix-huit mille mesures ; et le nom de la ville à partir de ce jour sera : **YAHUAH SHÂM.**

YAHUAH Qâdash (שַׁדָק) - YAHUAH sanctifie. **Šhemōṯh 31 :** Parle aussi aux fils de Yâshâral, en disant : Vous garderez certainement mes Shabbâth ; car c'est un signe entre vous et moi dans toutes vos générations, afin que vous sachiez que c'est moi **YAHUAH** Qâdash qui vous sanctifie.

YAHUAH Râphâ (אָפָר) - YAHUAH guérit. **Šhemōṯh 15 :** Et il dit : Si tu écoutes attentivement la voix de **YAHUAH** ton **ALÔHÎYM**, et que tu fasses ce qui est droit à ses yeux, et que tu prêtes l'oreille à ses commandements et que tu gardes tous ses statuts. Je ne mettrai sur toi aucune des maladies que j'ai mises sur les Mitsrayim : car je suis **YAHUAH Râphâ.**

YAHUAH Rââh (הָעָר) - YAHUAH est mon berger. Tehilīm 23 : **YAHUAH** est mon **Rââh** ; je ne manquerai de rien.

Autres attributs et titres de YAHUAH

Ădônây (יָנֹדֲא) - Seigneur, maître. **Berēšhīṯh 15 :** Et Abrâm dit : **ĂDÔNÂY YAHUAH**, que me donneras-tu ? Car je m'en vais sans enfants, et l'héritier de ma maison est cet Ĕlîyezer de Dammeśeq.

Qâdôsh Yâshâral (ישׁרְאָלֵ) - Le Saint de Yâshâral. **Yashayâhû 1 :** Malheur à la nation pécheresse, au peuple chargé d'iniquité, à la race des malfaiteurs, aux enfants corrompus ! Ils ont abandonné **YAHUAH**, ils ont méprisé le **QÂDÔSH** de Yâshâral, ils se sont détournés en arrière.

Hâyâh (היָהָ) Âshar (רְשָׁא) Hâyâh (היָהָ) - JE SUIS CELUI QUI JE SUIS. **Šhemōṯh 3:** Et **ALÔHÎYM** dit à Môshah : **HAYAH ÂSHÊR HAYAH** ; et il dit : Tu diras ainsi aux fils de Yâshâral : **HAYAH** m'a envoyé vers vous.

Quelle est l'origine du mot seigneur ?

Le mot **seigneur** vient du terme hébreu Baal qui se réfère à une divinité ou un dieu sémitique qui était haï par **YAHUAH** et qui était la cause de toutes les souffrances du peuple de **YAHUAH** ou de Yâshâral. Le mot Baal signifie **seigneur, maître ou propriétaire**. Il est bon de se rappeler que le nom complet est Baalzebub (Béelzébul ou Belzébuth), qui traduit signifie « seigneur des mouches ». C'est le même terme utilisé dans certaines parties du Nouveau Testament, dans **Matthieu 10 : 25, Matthieu 12 : 24, Marc 3 : 22,** pour désigner le prince des démons.

Cela signifie qu'on nous a appris à utiliser le terme ou le titre de seigneur pour nous référer à notre Créateur **YAHUAH** ou à notre Sauveur **YAHUSHA.** Par conséquent, ils nous ont complètement trompés en nous amenant à utiliser des termes païens et abhorés par **YAHUAH.** Au lieu d'appeler notre Créateur **YAHUAH** par son nom ou notre Sauveur **YAHUSHA**, nous invoquons constamment le nom de Baal ou du prince des démons. Pensez-vous que **YAHUAH** aime être confondu avec un dieu païen et haïssable ?

Šhemōṯh 20 : Tu n'auras pas d'autres dieux devant moi. Tu ne te feras point d'image taillée, ni de représentation quelconque des choses qui sont en haut dans les cieux, qui sont en bas sur la terre, ou qui sont dans les eaux sous la terre. Tu ne te prosterneras point devant elles et tu ne les serviras point ; car moi **YAHUAH** ton **ALÔHÎYM**, je suis un **AL** jaloux, qui punit l'iniquité des pères sur les enfants jusqu'à la troisième et quatrième génération de ceux qui me haïssent ; Et qui fait miséricorde jusqu'en mille générations à ceux qui m'aiment et qui gardent mes commandements.

D'où vient le mot Dieu ?

Le mot « dieu » vient directement du latin **deus,** « divinité, dieu ». Le terme latin dérive à son tour de l'indo-européen « deiwos », de la racine « deiw », « briller, être blanc », dont dérive également le terme grec **Zεύς (Zeus).** En fait, le mot espagnol « dios » est identique en prononciation au grec **Διός (ALOHIYM)**, la forme génitive de **Zeus** (le dieu principal de la mythologie grecque, père des « theos », qui sont les dieux mineurs). Wikipedia

Comme vous pouvez le voir, il y a une similitude ou une égalité entre les termes latins deus et Zeus (dieu de la mythologie grecque). Depuis l'enfance, on nous a appris que nous devons appeler notre Créateur **YAHUAH,** Dieu, ou notre Sauveur **YAHUSHA,** Seigneur. Cependant, cet enseignement nous conduit aux noms de divinités ou dieux païens ou mythologiques. C'est pour cette raison que j'essaie de ne pas inclure le mot Dieu dans mon vocabulaire et préfère utiliser le terme biblique **ALOHIYM,** qui signifie littéralement dieux en termes général et se réfère aussi à notre Créateur **YAHUAH ALOHIYM**. En fait, lorsque nous regardons le mot ALOHIYM dans la Bible, le terme hébreu originel est, dans la grande majorité des cas, des dieux au pluriel.

Berēšhīṯh 1 : Au commencement, **ALOHIYM** créa les cieux et la terre. Le terme hébreu originel utilisé dans la Bible est **ALOHIYM**.

Cette information est très sensible et beaucoup ne l'accepteront ni ne l'assimileront, mais pour ceux qui sont appelés par et de **YAHUAH**, ils seront intéressés et chercheront à connaître la vérité de Son nom.

Le Nom de YAHUSHA (עשיהו)

Je sais que pour certains ce sera une dure pilule à avaler et une vérité difficile à accepter, cependant, la vérité est la vérité et n'a pas besoin d'être défendue. Ceux qui sont de la vérité l'accepteront tôt ou tard. Quoi qu'il en soit, je comprends pleinement combien il peut être difficile pour beaucoup d'entendre ces paroles lorsqu'on nous a enseigné le contraire depuis l'enfance ; il est très difficile de changer des habitudes qui se sont transmises de génération en génération.

C'est pourquoi je demande toujours à mes lecteurs de faire leurs propres recherches et en fin de compte ils parviendront aux mêmes conclusions. Toutes les informations présentées ici ont leur source de référence que vous pouvez lire quand vous le souhaitez. Rien n'est d'interprétation privée, au contraire, c'est d'interprétation commune pour toute l'humanité.

Le nom de son fils est **YAHUSHA** (עשוהי)

Le nom de notre Sauveur porte toujours le nom de Son Père **YAHUAH,** et c'est pourquoi son nom est **YAHU** (version courte du nom du Père) et **SHA**.

Son nom signifie JE SUIS celui qui vient, défend, libère, aide, préserve, sauve, apporte le salut, ton Sauveur et celui qui te conduit à la victoire. C'est **YAHUSHA**, le Fils.

Y	Y	י
AH	He (au début d'un mot il se lit He, mais au milieu, seul ou à la fin il se lit AH. Le h sonne comme le H anglais, il n'est pas muet)	ה
U	Waw/U	ו
SH	Sh	ש
A	Ayin	ע

Comme vous pouvez le voir, les deux premières lettres sont les mêmes que celles contenues dans le nom du Père **YAHUAH**, c'est-à-dire **YAHU**, comme je l'ai expliqué précédemment. C'est le nom parfait qui représente le Fils **YAHUSHA** comme faisant partie du Père **YAHUAH**.

L'origine du Nom de Jésus

S'il n'y avait pas de **J**, alors d'où vient le nom Jésus ?

Comme nous l'avons expliqué ci-dessus et comme je pense que vous comprenez tous le point, considérons l'importance d'un nom. Le nom d'une personne est très important, à tel point que **YAHUAH**, bien que certains essaient de le cacher, a toujours utilisé son vrai nom tout au long de l'histoire, c'est-à-dire **YAHUAH**. De même, il a manifesté son nom à travers les noms de nombreux prophètes et élus de **YAHUAH.** C'est si profondément important qu'il va même jusqu'à changer le nom de nombreux personnages dans la Bible, par exemple, « Jacob » Yaăqôb - Yâshâral », Abram - « Abrâhâm ». Ce ne sont là que quelques exemples pour nous rappeler que **YAHUAH** tend à changer les noms des gens en raison de leur importance.

Pensez-vous que **YAHUAH** ait dit à Yôsêph et à Miryâm (Marie) de donner à Son Fils Unique un nom grec ou latin ? Une telle théorie est impossible et impensable. Ce qu'on nous a amenés à croire, c'est que notre Sauveur ne porte pas un nom hébreu, mais un nom païen. IMPOSSIBLE. Le nom de Jésus vient du grec « Ιησοὺς » qui se lit Iesus, puisque le J n'existait dans aucune des langues. À son tour, il vient du latin « Iesus » qui se lit tel qu'il est écrit.

Je vous rappelle une fois de plus que le J n'existait ni en hébreu, ni en grec, ni en latin ni dans aucune autre langue, pas même en anglais. Alors que nous avons déjà appris à connaître le nom Zeus, nous n'avons pas encore appris la similitude et la signification du nom « Iesus ». Ce nom signifie littéralement :

Ie : salut (lorsque la personne s'incline ou salue un roi ou un dirigeant)
Sus : C'est la prononciation du nom Zeus en anglais et dans d'autres langues.

Ainsi le nom signifie « salut Zeus », une phrase se référant à une acclamation du dieu grec païen et mythologique, qui est aussi, étant donné la signification du nom, connu comme le dieu soleil.

Pensez-vous que tout ce que notre Sauveur a fait pour nous sur le Calvaire devrait être donné et attribué aux dieux païens créés par l'homme ? Ou comment se sentirait-on si l'on créait ou faisait quelque chose de merveilleux et qu'un autre soit celui qui s'attribue le mérite de ce travail que vous avez fait ou accompli ? Personnellement, je me sentirais dépossédé, déçu et même en colère. Mais, nous avons fait de même avec notre Sauveur **YAHUSHA.** Nous l'avons dépouillé de ses œuvres, de ses miracles et de sa mort vicaire pour nous lorsque nous attribuons ses œuvres au dieu créé (Jésus) par Constantin et l'Empire romain.

CHAPITRE VI

Constantin et le Concile de Nicée

Vers 325 après J.-C., le Concile de Nicée se réunit et la première réunion œcuménique fut tenue ; il y avait des dirigeants de toutes les principales sectes et religions de cette époque. L'Empereur Constantin réunit tous ces groupes afin de créer l'union et de définir le nouveau dieu qui gouvernerait non seulement son empire, mais toutes les religions et tous les empires du monde.

Constantin rassembla 1 780 dirigeants et parmi eux il choisit 144 porte-parole. Il divisa le reste en groupes de 12 et en désigna un bon nombre comme scribes et traducteurs.

Cependant, en raison de leur apparence de Yâshâral, certains furent rejetés et bannis du concile. En conséquence, il n'y avait pas un seul Yâshâral, et encore moins un Lévite, présent à cette réunion. C'est-à-dire qu'il n'y avait aucun gardien de la parole de **YAHUAH** présent. Ces dirigeants religieux devaient décider quel serait l'unique dieu qu'ils adoreraient et quelle serait la divinité de l'Empire romain ou de Constantin. Les noms de plus de 50 dieux furent choisis pour sélectionner l'unique dieu de l'empire de Constantin. Cependant, les dirigeants religieux et œcuméniques ne pouvaient parvenir à aucun accord car chacun avait ses propres intérêts personnels. Voici une liste des principaux dieux qui étaient en compétition pour devenir l'unique dieu de l'empire de Constantin.

Jove (Zeus), Jupiter (version romaine de Zeus), Salenus, Baal, Thor, Gade, Apollo, Juno, Aries, Taurus, Minerva, Rhets, Mithra, Theo, Fragapatti, Atys, Durga, Indra, Neptune, Vulcan, Kriste (ancien dieu germanique ou dieu hindou Krishna), Agni, Croesus, Pelides, Huit, Hermes, Thulis, Thammus, Eguptus, Iao, ..., Saturn, Gitchens, Minos, Maximus, Hecla et Phernes.

Puis, ils organisèrent des tirages au sort pour réduire le nombre de dieux et ainsi parvenir à celui dont ils avaient besoin. Le nombre de dieux fut progressivement réduit à 21 dieux candidats pour le poste.

Le Dieu de l'Empire de Constantin

Un an et 5 mois plus tard, ils n'avaient toujours pas décidé lequel serait le dieu de l'empire ; mais ils avaient réussi à réduire la liste des dieux à 5 :

Jove (Zeus grec ou Jupiter romain), Kriste (ancien dieu germanique ou Krishna, dieu hindou), Mars (Mars, dieu de la guerre, dieu italique), Crite (César ou Crite des Chaldéens, dieu ancien), Siva (Shiva, dieu hindou)

Le nouvel empire avait le besoin impératif de créer son propre dieu, puisqu'ils n'acceptaient pas et n'adoraient pas l'ALOHIYM des Yâshâral ; c'est pourquoi ils ne laissèrent aucun Yâshâral participer à leur concile. En fin de compte, ils réussirent à décider par des signes et le dieu gagnant fut Kriste (ancien dieu germanique ou dieu hindou Krishna) qu'ils déclarèrent comme le dieu de toutes les nations et de la terre. Ils convinrent également de rejeter tout dieu autre que Krishna ou, mieux prononcé en latin puisque c'était la langue dominante, Christ.

Cette décision allait résonner pour tous les siècles à venir. Elle allait déclencher les neuf croisades (prétendues guerres saintes) et d'autres croisades dans différents territoires et l'Inquisition ou sainte Inquisition contre la prétendue hérésie qui était punie de la peine de mort (selon Rome ou l'Église catholique de cette époque).

Matthieu 24 : Si ces jours n'étaient pas abrégés, **personne ne serait sauvé** ; mais à cause des élus, **ces jours seront abrégés.** Alors si quelqu'un vous dit : Voici le Mâshîyach (**YAHUSHA**) est ici, où : il est là, ne le croyez pas. 24. Car il s'élèvera de faux Mâshîyach et de faux prophètes ; ils feront de grands prodiges et des miracles, **au point de séduire, si possible, même les élus.**

C'est exactement ce qu'ils créèrent : un faux messie dans le but d'aliéner l'humanité du vrai Mâshîyach **(YAHUSHA).** La tromperie est telle que même les élus pourraient être trompés, tout comme le dit **Matthieu.**

Rappelons-nous que parmi ceux qui étaient présents à ce concile se trouvaient les Pharisiens ou Ashkénazes, qui ont toujours été l'ennemi public numéro un de **YAHUAH** et de ses enseignements. À tel point qu'ils furent la force pionnière dans la condamnation à mort de **YAHUSHA,** les mêmes que **YAHUSHA** appelait « sépulcres blanchis ».

Matthieu 23 : 27. Malheur à vous, scribes et Pharisiens hypocrites ! car vous ressemblez à des sépulcres blanchis, qui paraissent beaux au dehors, mais qui sont en dedans pleins d'ossements de morts et de toute impureté. 28. Vous de même, au dehors vous paraissez justes aux hommes, mais au dedans vous êtes pleins d'hypocrisie et d'iniquité.

Le représentant humain du dieu de l'Empire de Constantin

Cependant, ils n'avaient pas encore terminé. Ils devaient encore choisir qui serait le représentant du dieu créé de l'empire de Constantin sur la terre, c'est-à-dire son représentant mortel et humain. Voici les principaux noms des hommes qui furent désignés au poste de représentant mortel du nouveau dieu de l'empire que les Pharisiens, les scribes et les dirigeants œcuméniques proposèrent comme leur représentant sur la terre.

Zarathustra, Thothma, Abrâhâm, Brahma, Atys, Thammus, Joshu, Sakaya, Habron, Bali, Crite, Chrisna, Thulis, Wittoba et Speio. En plus d'une liste de quarante-six noms.

Pendant douze mois, ils débattirent sans pouvoir parvenir à un accord sur celui qui serait le représentant mortel.

Ainsi l'empereur Constantin conclut que les dieux ne leur permettaient pas de choisir un autre homme et en ce moment ils s'accordèrent sur le nom de Iesu (Iesus, jesus) ou Hesus (Esus), dieu gallo-celtique mieux connu comme seigneur. Ils créèrent ainsi une combinaison de culte : Ie signifie salut et sa version de Zeus ; ou salut hesus, ainsi ils créèrent le représentant moral en louant le dieu de la mythologie et en utilisant la version latine ou la combinaison du nom « Jésus ». Ils décidèrent alors de changer et de mettre à jour tous les livres et textes avec le nouveau nom. Vous pouvez lire ces informations dans le livre caché d'Eskra.

D'autre part, ils décidèrent également de changer tous les noms avec Y et d'établir le J comme faisant partie de l'alphabet. Quelques noms : Iesus (jésus), Iupiter (jupiter), Iune (juno – juin). Ainsi le nouveau dieu de l'empire avait été créé :

Iesus Kriste	Hesus Krishna
Jésus Christ	Jésus Christ

Jean 5 : 43. Moi (**YAHUSHA)**, je suis venu au nom de mon Père **(YAHUAH)**, et vous ne me recevez pas ; si un autre vient en son propre nom, vous le recevrez. Ce sont les paroles littérales de notre Sauveur **YAHUSHA** où il nous dit la dure vérité : celui que le monde reçut et accepta est le sauveur créé par les hommes et non le vrai **YAHUSHA.**

En conclusion, Constantin et le concile de Nicée créèrent le dieu qu'ils voulaient pour l'Empire romain et le dieu que les générations suivantes adoreraient, le même dieu que nous tous avons été enseignés à adorer depuis l'enfance. Ils décidèrent de changer la vérité et de la déguiser pour leurs propres intérêts personnels et ceux de l'empire. En conséquence, toutes les générations depuis cette époque jusqu'à nos jours sont encore sous le charme de Constantin et de ses dirigeants.

C'est-à-dire que lorsque nous chantons, prions, louons et utilisons les titres donnés par le décret et l'enseignement de l'empereur Constantin, nous donnons nos prières et nos louanges à leurs dieux en pensant que c'est à notre Créateur.

Beaucoup disent : **YAHUAH** connaît mon cœur et c'est ce qui compte. Oui, bien sûr que **YAHUAH** connaît le cœur de chacun et c'est pourquoi nous lui demandons et nous ne recevons pas tout ce que nous demandons.

Matthieu 7 : 23. Et alors je leur dirai ouvertement : Je ne vous ai jamais connus ; retirez-vous de moi, vous qui commettez l'iniquité.

Ceux qui croient et se disent « il connaît mon cœur » ; il est triste de le dire, mais c'est pourquoi il vous répondra à tous : « Je ne vous ai jamais connus, retirez-vous de moi… »

Rappelons-nous l'exemple que je vous ai donné ; si quelqu'un vous appelle par un autre nom, répondez-vous ? Soyons réalistes et sincères et cessons de faire tant d'excuses qui ne mènent qu'à la perdition.

En fin de compte, à qui criez-vous ? Criez-vous au vrai Créateur **YAHUAH ALOHIYM** ou criez-vous aux divinités ou aux noms créés par l'homme ? N'oubliez pas, c'est votre décision et vous seul êtes responsable de vos actions. Personne ne rendra compte ni ne donnera d'excuses à votre place. Ceci est uniquement pour ceux qui croient en **YAHUSHA.**

CHAPITRE VII

Les premières Bibles

Les controverses, révoltes et divisions créées en cette année durèrent de 325 après J.-C. jusqu'en 500 après J.-C. Nous devons nous rappeler que la Bible n'avait pas encore été traduite dans d'autres langues, et encore moins en anglais. À cette époque, il y avait la Septante ou LXX, une version grecque traduite par les Ptolémées (285-246 après J.-C.). C'est alors, vers l'an 328 après J.-C., que Saint Jérôme traduisit la Bible Vulgate du grec (LXX) en latin, et utilisa le nouveau nom de l'ALOHIYM créé pour le monde et l'humanité par Constantin et le concile de Nicée.

La première Bible anglaise écrite à la main fut celle de John Wycliffe, en 1380. Elle fut traduite de la Vulgate latine, qui était la seule source textuelle disponible pour Wycliffe. Le Pape de l'époque était si furieux de ses enseignements et de sa traduction de la Bible en anglais que 44 ans après la mort de Wycliffe, il ordonna que ses os soient déterrés, broyés et dispersés dans la rivière ! Pourtant l'église menaçait encore de tuer quiconque lisait les Écritures dans une autre langue que le latin… même lorsqu'ils savaient que le latin n'était pas une langue originelle des Écritures.

En 1535, Myles Coverdale imprima la première Bible complète en anglais, en utilisant les textes allemands et les sources latines de Martin Luther. Le 4 octobre 1535, la Bible de Coverdale fut publiée. Plus tard, dans l'église de Suisse, un groupe de théologiens se réunit pour créer la Bible de Genève, publiée en 1560.

Lorsque le prince Jacques VI d'Écosse devint le **Roi Jacques I d'Angleterre,** le clergé protestant s'approcha du nouveau Roi en 1604, car ils voulaient une nouvelle version de la Bible à la place de la Bible de Genève. Ils ne voulaient pas des notes marginales controversées (proclamant le Pape comme un Antéchrist). Essentiellement, les dirigeants de l'église désiraient une Bible pour le peuple. Cette traduction fut le résultat de l'effort combiné d'environ cinquante érudits utilisant : le Nouveau Testament de Tyndale, la Bible de Coverdale, la Bible de Matthews, la Grande Bible, la Bible de Genève, et même le Nouveau Testament de Reims. En 1611, la Bible du Roi Jacques fut mise à la disposition du public.

Il convient de noter que toutes ces versions de la Bible étaient déjà imprégnées ou remplies des décisions prises par le Concile de Nicée et de leur dieu créé par eux, puisque toutes les traductions provenaient de la version latine de la Vulgate ou de la version LXX du grec. Aucune de ces versions n'était basée directement sur la vérité du texte hébreu.

C'est ainsi que toute l'humanité connaît la version créée par Constantin et ses régents. Rappelons-nous qu'à cette époque il n'était pas permis de lire la Bible ni de la partager car c'était le privilège de quelques-uns (les dirigeants religieux de l'Empire romain et la fusion église-état créée par Constantin). En d'autres termes, l'Église catholique contrôlait tout sous la règle de Constantin.

Cependant, malgré toutes ces tentatives, le texte hébreu originel fut préservé intact pendant des siècles et des années à venir. Ils ne pouvaient changer que les versions traduites, mais jamais le texte originel avec les ordonnances de **YAHUAH** et Sa parole donnée à Son peuple.

Ces données sont disponibles pour quiconque veut et désire chercher la vérité. Cependant, la vérité n'est pas pour tout le monde ; il est plus facile de vivre dans la tromperie et le mensonge que d'être libre et de connaître la vérité.

Jean 8 : Et vous connaîtrez la vérité, et la vérité vous affranchira.

Comme nous pouvons le voir d'après l'histoire et ce que vous pouvez lire par vous-mêmes dans les liens en bas de page, le dieu créé par les hommes ou les noms donnés à ce dieu ne sont pas le nom correct de notre Sauveur ou Rédempteur. Ce n'est pas le nom de notre Sauveur, le nom de notre Sauveur porte le nom du Père **YAHUAH** et il est en hébreu, il n'est ni grec, ni latin, ni hispanique ni anglais, ni d'aucune autre race. Son vrai nom est **YAHUSHA.**

C'est la raison pour laquelle, il y a plusieurs années, nous avons commencé un projet très intéressant. Nous avons décidé qu'il était temps que Son nom soit restauré en chaque endroit de la Bible. Par conséquent, nous avons restauré Son nom tout au long des passages en les prenant directement des textes hébreux originaux. Nous avons également décidé de restaurer chaque nom dans la Bible, car les noms sont si importants que les changer affectera leur signification correcte. Nous restaurons tous les noms propres (lieux, villes, villages) et nous avons restauré de nombreux versets bibliques qui ont été mal traduits, y compris la restauration de sections entières qui avaient été supprimées des versions traduites.

Nous espérons avoir les 66 livres de la Bible restaurés d'ici 2025 et ensuite, nous commencerons un autre cycle de restauration, mais cette fois, en créant de vrais commentaires bibliques sans parti pris afin que nous connaissions tous la vérité. Nous restaurerons également d'autres livres inspirés de la Bible qui nous ont été laissés ou cachés sous de fausses excuses ; des livres tels que les Jubilés, Énoch et bien d'autres. Visitez https://www.yahuahbible.com

CHAPITRE VIII

Les Différents Types de Calendriers

Examinons quelques faits importants sur les différents types de calendriers qui ont été le guide ou la boussole utilisés par l'humanité pour déterminer certaines époques, dates solennelles et fêtes. Certains calendriers étaient basés sur ce qui était observé dans les étoiles, le ciel, et la position des planètes, de la lune et du soleil. C'est de là que viennent les différents types de calendriers :

Lune : la rotation de la lune est utilisée comme base pour mesurer les mois de l'année.

Lune-Soleil : créé par les Sumériens ou Babyloniens, la Mésopotamie et le Moyen-Orient. Comme ils devaient tenir compte des conditions météorologiques pour les cultures et l'agriculture, ils devaient aussi observer les saisons.

Soleil : créé par les Mitsrayimiens, qui comprirent qu'une année durait 365 jours et divisèrent les mois en 30 jours (12 x 30 = 360 jours). Comme le compte n'était pas suffisant pour atteindre les 365 jours, ils utilisèrent les cinq jours restants pour des fêtes ou des jours solennels. Ils regardaient directement le soleil comme l'étoile principale, Amun-Ra comme le dieu soleil et divinité suprême de Mitsrayim. Son calendrier était basé sur le mouvement du soleil.

Voici quelques notes importantes sur les calendriers que nous devrions considérer avant de parler du calendrier biblique.

Le Calendrier Chinois

Chaque année est composée de 12 mois et, tous les trois ans, un mois supplémentaire est ajouté pour combler l'écart. La date à laquelle le Nouvel An est célébré est toujours différente, car elle se déplace au jour où se produit la première pleine lune, c'est-à-dire entre notre 21 janvier et notre 21 février.

Le Nouvel An chinois est célébré lors de la deuxième nouvelle lune, après le solstice d'hiver et selon une légende où Bouddha et 12 animaux, qui correspondent aux signes du zodiaque chinois, en sont les protagonistes. Les animaux sont les suivants : le rat, le bœuf, le tigre, le lapin, le dragon, le serpent, le cheval, la chèvre, le singe, le coq, le chien et le cochon.

Le Calendrier Islamique

L'Islam a aussi son propre calendrier, et l'année est légèrement plus courte que la nôtre : 364 jours, divisés en 12 mois. Ce calendrier est basé sur le mouvement lunaire ; chaque mois commence le lendemain d'une nuit de nouvelle lune.

L'année lunaire islamique compte de 354 à 355 jours qui sont divisés en mois de 29 ou 30 jours. Les jours tirent leur nom de leur ordre numérique : le dimanche est le premier jour et le Samedi est le septième et dernier. L'exception est le vendredi, qui tire son nom de la prière de midi, lorsque toute la communauté islamique essaie de se rassembler.

Le Calendrier Hindou

Celui-ci est régi à la fois par des principes solaires et lunaires, ce qui donne lieu à 12 mois guidés par la lune et ayant entre 29 et 30 jours chacun. De plus, tous les trois ans, un mois supplémentaire est ajouté.

L'année indienne est divisée en 6 saisons, une saison tous les deux mois : Vesanta (printemps), Grichma (été), Varea (pluies), Sarad (automne), Hemanta (hiver), Sis (rosée).

En Inde, le jour de l'An est célébré aux alentours du 15 avril, lorsqu'il est commémoré que, selon eux et dans leur superstition, Bramha créa l'Univers. Cela signifie que l'année hindoue commence au printemps.

Le Calendrier Hébreu

Ce calendrier est composé de 12 mois, bien qu'il y ait des années bissextiles qui durent 13 mois et surviennent tous les 3 ans.

Le calendrier hébreu combine l'année solaire et le mois lunaire. C'est pourquoi les jours commencent au début de la nuit, c'est pourquoi le début des mois est marqué par la nouvelle lune et les cycles de récolte.

Le Nouvel An des Yahudiy coïncide avec le début de l'année économique en Asie du Sud-Ouest et en Afrique du Nord-Est, marquant le début du cycle agricole.

Les noms des mois hébreux ont leur origine dans l'ancienne Babylone, où ils furent adoptés par les Yahudiy exilés par le roi Nabuchodonosor II, un exil qui dura 70 ans (586 av. J.-C. – 516 av. J.-C.). Dans le passé, les mois n'étaient nommés que par leur ordre numérique, commençant au printemps avec le premier mois, Âbîyb (Nisan). Mais, au temps du Nouveau Testament, il y avait un second calendrier à usage civil ou officiel qui commençait avec le mois de Tisri, dont le premier jour était le Nouvel An civil ou Rosh Hashanah, qui reste en vigueur jusqu'à ce jour. Il convient de noter que le calendrier hébreu n'est pas le calendrier biblique.

Voici le calendrier avec les noms des mois en hébreu et le ou les mois correspondants dans le calendrier grégorien, c'est-à-dire le calendrier utilisé dans le monde aujourd'hui. Vous verrez que chaque mois biblique ou hébreu tombe dans deux mois du calendrier grégorien ; cela est dû au fait que le mois biblique tombe dans la plupart des cas au milieu du mois dans le calendrier grégorien, occupant ainsi toujours deux mois.

Mention du mois dans la Bible.	Nom du mois	Selon le calendrier grégorien	Mois des Fêtes
Šhemōṯh 12 :2-37; 13:4; Néhémie 2:1	Âbîyb	Mars – Avril	Pâque Pains sans Levain
1 Rois 6:1	Iyar ou Zif	Avril – Mai	
	Siwan	Mai – Juin	Shâbûa – Pentecôte
Yechezqêl 8:14	Tammuz	Juin – Juillet	
...	Ab	Juillet – Août	
Néhémie 6:15	Elul	Août – Septembre	Fête des trompettes, jour des Expiations
1 Rois 8:2	Ethanim ou Tishri	Septembre – Octobre	Fête des Tabernacles
1 Rois 6:38	Marcheswan ou Bul	Octobre – Novembre	Fête du Huitième Jour - Le Grand samedi
Zacharie 7:1	Kislew	Novembre – Décembre	
...	Tewet	Décembre – Janvier	
Zacharie 1:7	Shewat	Janvier – Février	
...	Adar	Février – Mars	

Le Calendrier Julien

Le calendrier julien était celui utilisé avant le grégorien. Établi en l'honneur de Jules César, il entra en vigueur en 45 av. J.-C. Il avait une année divisée en 12 mois et, comme le grégorien, il avait un jour bissextile en février tous les quatre ans. Cependant, avec celui-ci, un jour était perdu tous les 129 ans, car il ne coïncidait pas autant avec l'année solaire. Avec la réforme grégorienne, cette erreur fut corrigée et maintenant un seul jour est perdu tous les 3 000 ans.

Le Calendrier Romain

À l'origine, le calendrier romain avait 10 mois (6 mois de 30 jours et 4 de 31 jours). Le début de l'année était Martius (mars ou March), nommé en commémoration du dieu de la guerre.

1. Martius : mois de mars (Mars), dieu de la guerre, père de Romulus et Remus
2. Aprilis : mois de l'ouverture des fleurs.
3. Maius : mois de Maia (mai), déesse de l'abondance
4. Junius : mois de Junon, déesse du foyer et de la famille
5. Quintilis : cinquième mois
6. Sextilis : sixième mois
7. Septembre : septième mois
8. Octobre : huitième mois
9. Novembre : neuvième mois
10. Décembre : dixième mois
11. Januarius : mois de Janus, dieu des portails
12. Februarius : mois des feux de purification (février)

Il convient de noter que le cinquième mois ou Quintilis devint Iulius (Julius ou juillet) en commémoration de Jules César.

Le mois Sextilis ou sixième devint Augustus ou août en commémoration d'Octavien Auguste.

Origine du Sol Invictus le 25 décembre

Le but de tous ces changements était de pouvoir parvenir à l'unification et de se conformer à la volonté de Constantin de prendre la date du dieu Mithras, qu'il adorait, ou du dieu soleil comme date solennelle à célébrer pour les siècles à venir et l'idole Tammuz mentionnée dans le livre de Yechezqêl (Ézéchiel) et Yirmeyâhû (Jérémie).

Le solstice d'hiver commença à être célébré depuis les temps préhistoriques dans ce qui est aujourd'hui l'Europe et l'Asie Mineure. Et c'est pourquoi, dans de nombreuses cultures, bien avant le christianisme, le jour **25 (de décembre)** était associé à l'anniversaire du Soleil, avec des fêtes à différentes divinités qui inspirèrent diverses religions.

Le dieu Mithras, à Rome, était l'un d'eux, ainsi que le Sol Invictus, car le cycle de la nouvelle année était Noël ou Natalis solis invicti (la naissance du Soleil Invaincu).

Comme la fête Dies Natalis Solis Invicti devenait partie des plus anciennes fêtes romaines, c'est-à-dire les Saturnales, celles-ci grandissaient en importance. Ces fêtes étaient tenues en l'honneur de Saturne, le dieu des semailles, et commençaient le 17 décembre et se terminaient le 25 du même mois. C'étaient des jours de joie, d'échange de cadeaux, de grands banquets, de jeux et de libération d'esclaves.

C'est ainsi que le nom de cette célébration païenne fut changé pour le nom que nous connaissons aujourd'hui comme Noël ou la supposée naissance du dieu de Constantin ou de l'empire. Observer cette fête était un mandat, de sorte que ne pas célébrer ou garder cette fête païenne conduisait, à cette époque, à la persécution et à la mort.

Ce qu'on ne nous a pas dit, c'est qu'il y a une ancienne idole ou un dieu païen derrière cette célébration, l'un mentionné dans la Bible, qui est Tammuz. Cherchez par vous-mêmes et découvrez la vérité flagrante derrière cette idole, vous serez surpris.

Les jours de la semaine et leur Dédicace

En même temps (321) et basé sur le calendrier mésopotamien, l'empereur Constantin mit également en œuvre la semaine de sept jours. De plus, il décréta que le dimanche (dies solis, jour du soleil) était un jour de repos pour adorer le nouveau dieu. Ainsi, le jour de repos biblique (Samedi) fut frauduleusement changé par ces gens pour celui que nous connaissons aujourd'hui comme dimanche ou le jour du soleil.

Dimanche : dies solis ou le jour du soleil (culte du soleil).

Lundi : dies lunae ou le jour de la lune (culte de la lune).

Mardi : Martis díes ou le jour de Mars (dieu de la guerre).

Mercredi : Mercurii díes ou le jour de Mercure (dieu du commerce).

Jeudi : dies Iovis ou le jour de Jupiter (dieu de la mythologie romaine, qui est égal à Zeus, dieu grec).

Vendredi : Veneris dies ou le jour de Vénus (déesse de la mythologie romaine). **Samedi :** le terme anglais « Saturday » vient du latin biblique sabbătum, puis du grec σάββατον (sabbaton), et celui-ci de l'hébreu יום השבת (shabbath), qui signifie « repos » ou « jour du Shabbâth ». Le seul jour dont ils ne purent changer le nom et que YAHUAH ne leur permit pas de profaner en changeant le nom fut le Shabbâth. Ce jour conserve son nom originel et signifie repos ou Sabbat. Au commencement, les jours de la semaine étaient énumérés car ils n'avaient pas de nom. Les noms originaux sont encore préservés dans la langue portugaise, à l'exception qu'ils incluent le nom du dimanche. Mais, c'était : « premier jour, deuxième, troisième, quatrième, cinquième, sixième et Samedi ou Shabbât ».

Le Calendrier Grégorien

Le calendrier grégorien est une révision du calendrier julien ou une version plus récente. Il fut mis en œuvre sur la base des déclarations du Concile de Nicée et est appelé Grégorien à partir de l'année 1582 et du nom du Pape Grégoire XIII.

La réforme grégorienne naquit du besoin de mettre en pratique l'un des accords du Concile de Trente : ajuster le calendrier pour éliminer l'écart produit depuis le premier Concile de Nicée qui fut célébré en 325. Le moment astral auquel Pâques (Saturnales, Sol Invictus, Tammuz...) devait être célébrée et, en rapport avec elle, les autres fêtes religieuses mobiles avaient été fixés.

En bref, ce qui importait était la régularité du calendrier liturgique, pour lequel il était nécessaire d'introduire certaines corrections dans le calendrier civil. Il s'agissait essentiellement d'adapter le calendrier civil à l'année tropique. C'est le calendrier qui fut accepté dans le monde entier et utilisé dans la plupart du monde.

Jusqu'à présent, nous avons vu différents types de calendriers et comment ils sont tous gouvernés jusqu'à ce que nous arrivions au calendrier grégorien, celui utilisé dans la plupart des pays. Nous devons nous rappeler que le calendrier grégorien est le calendrier créé par le Pape Grégoire XIII, en d'autres termes, c'est le calendrier romain et catholique ou issu de la réforme de Constantin ; le soleil et la lune sont observés pour créer les temps et les époques.

Cependant, au Moyen Âge et après la chute de Rome, le christianisme prévalut fermement. Le 1er janvier était considéré comme une date trop païenne, c'est pourquoi de nombreux pays où le christianisme dominait voulaient que la nouvelle année soit marquée le 25 mars.

Finalement, le Pape Grégoire XIII introduisit le calendrier grégorien et le 1er janvier fut rétabli comme Nouvel An dans les pays catholiques. En Angleterre, cependant, qui s'était rebellée contre l'autorité du Pape et professait la religion protestante, il continua d'être célébré le 25 mars jusqu'à l'an 1752.

Le Calendrier Biblique

Enfin, nous pouvons partager quelques points sur le calendrier biblique qui se trouve et est gouverné selon les normes scripturaires données par YAHUAH à son peuple. Beaucoup dans le monde utilisent ce calendrier car c'est celui établi dans la Bible et non celui qui suit les dispositions des hommes ou des institutions qui ne cherchent que leur propre bénéfice.

Pour conclure, nous avons parlé plus tôt des différents types de calendriers existants et comment, à travers les âges, les gens ont été gouvernés par la lune, le soleil, les constellations, les saisons et la nature en général pour définir les temps et les époques, et les jours. En fin de compte, tout est basé sur ce que les gens comprennent comme le début du jour.

Calendrier 2024

Le Début du Jour

Tout d'abord, beaucoup de gens disent que le jour commence à minuit, c'est pourquoi aujourd'hui 12h01 fait déjà partie du jour suivant. Cependant, cette théorie est fausse et erronée.

D'autres disent que le jour commence l'après-midi, après 18h, et c'est pourquoi ils commencent à compter le jour à partir de ce moment jusqu'à 18h le lendemain. C'est aussi une théorie erronée.

D'autre part, il y a ceux qui disent que le commencement du jour est avec les premiers rayons de soleil et ils commencent le jour dès les premiers rayons du soleil jusqu'à la seconde avant les premiers rayons du soleil du lendemain matin ou du jour suivant. Cette théorie est aussi erronée, cependant, c'est celle qui se rapproche le plus de la vérité.

Toutes ces erreurs et mauvaises interprétations sont une conséquence des différentes traductions de la Bible dans d'autres langues. Nous ne comprenons pas le terme hébreu utilisé et nous arrivons alors à des conclusions erronées sur le sujet ou sur le début du jour. Cependant, la réponse est plus simple que nous ne le pensons et a toujours été là. En fait, nos ancêtres, qui ne savaient ni lire ni écrire, connaissaient la réponse à ce dont l'humanité est confuse aujourd'hui.

Je me souviens parfaitement que ma grand-mère et mon grand-père se levaient très tôt le matin pour travailler et l'idée était d'être debout avant que « l'aube ne se lève ». C'est étonnant, ils ne connaissaient ni les lettres ni les études, mais ils n'étaient pas confus dans leurs pensées. Ils savaient que le jour commençait avec « l'Aube », non avec la lune ni le soleil. Ils savaient qu'avant que le soleil se lève, il y avait une clarté appelée « Aube » et c'est elle qui marquait le début du jour.

« Du latin albus, l'alba se réfère au lever du soleil ou à la première apparition de la lumière du jour dans le ciel avant le lever du Soleil. »

Avant l'Aube, il y a un moment de ténèbres, qui représente la fin du jour précédent ; apparaît alors l'Aube qui marque le début du nouveau jour et ensuite le soleil se lève. C'est ainsi que fonctionne la nature. Il suffit d'observer et de réaliser pour comprendre ce qui nous indique le commencement d'un nouveau jour. Nous appelons cela le jour biblique selon la création de **YAHUAH ALOHIYM.**

Berēšhīṯh 1 : 3-5. Et **ALÔHÎYM** dit : Que la lumière soit ! Et la lumière fut. Et **ALÔHÎYM** vit que la lumière était bonne ; et **ALÔHÎYM** sépara la lumière d'avec les ténèbres. **Et ALÔHÎYM**

appela la lumière Jour, et les ténèbres il les appela Nuit. Et il y eut un soir et il y eut un matin : ce fut le premier jour.

Que la lumière soit et la lumière fut : le terme utilisé en hébreu pour le mot lumière est Ôr (ורא), et il signifie « illumination, y compris les rayons, le bonheur, la clarté, le jour, la lumière, le matin et le soleil ». Cela nous dit que les lumières furent créées en ce moment et que cette lumière marque le début du nouveau jour, pas nécessairement le soleil.

Berēšhīṯh 32 : Et Yaăqôb resta seul ; et un homme lutta avec lui jusqu'au lever du **jour**.

Berēšhīṯh 32 : Et il dit : Laisse-moi aller, car le **jour se lève**. Et il dit : Je ne te laisserai point aller, à moins que tu ne me bénisses.

Dans les versets 24 et 26, il nous dit « jusqu'au lever du jour », cependant, en hébreu, il utilise le terme Alâh (הָלָע) qui signifie monter, s'élever et le second terme utilisé pour le mot jour est Shachar (רחש) qui signifie aube ou aurore : - premier jour, lumière du matin. D'où cela vient-il ?

Ce que nous voyons littéralement dans ces versets est le commencement du jour où la première lumière du jour, ou le début du jour, qui est synonyme du lever du jour. Il est alors parfaitement compréhensible et visible que le jour commence à l'aube ou à la première lumière du matin.

Rappelons-nous que dans ***Berēšhīṯh 1***, tout lors du premier jour de la création commença avec la lumière. N'oubliez pas qu'il n'y avait pas de lever du soleil avant le quatrième jour de la création.

C'est pourquoi beaucoup d'entre nous observons et commençons nos jours au lever de l'aube, avec la première lumière de l'aube, c'est-à-dire selon la Bible.

Cela fait que le calendrier biblique tombe à des dates différentes de celles du calendrier grégorien, puisque tous les mois dans la Bible ont 30 jours (12 x 30 = 360). La plupart des 7 fêtes bibliques les plus importantes tombent à des dates différentes sur le calendrier grégorien. Par exemple, le premier mois de l'année selon la Bible et selon les paroles de **YAHUAH** est mars - avril du calendrier grégorien. C'est-à-dire le mois d'Âbîyb. **Šhemōṯh 12 : 2**. Ce mois sera pour vous le commencement des mois ; il sera pour vous le premier des mois de l'année.

Dans le **Livre des Jubilés**, nous lisons les versets suivants afin de comprendre comment le monde est.

Jubilés 6 : 36. Car il y aura certainement ceux qui feront des observations de la lune, comment elle perturbe les saisons et arrive d'année en année **dix jours plus tôt**. 37. C'est pourquoi il viendra sur eux des années où ils perturberont l'ordre, et ils rendront **abominable le jour du témoignage, et souillé le jour de la fête, et ils confondront le saint avec l'impur chaque jour, et le jour impur avec le saint ; car ils se tromperont concernant les mois et le Shabbâth et les fêtes et les Jubilés.** 38. C'est pourquoi je te commande et je témoigne devant toi, afin que tu témoignes devant eux ; car après ta mort tes fils les troubleront, de sorte qu'ils ne feront pas l'année de trois cent soixante-quatre jours seulement (364), et **c'est pour cette raison qu'ils se tromperont au sujet des nouvelles lunes et des saisons et du Shabbâth et des fêtes, et ils mangeront toutes sortes de sang avec toutes sortes de chair.**

Dans ces versets, nous pouvons voir quelques points importants auxquels nous devrions prêter attention.

Observations de la Lune : ceux qui gouvernent les cultes et rendent un culte à la lune comme divinité.

Jour souillé de la fête : ceux qui ont corrompu les fêtes de YAHUAH pour des fêtes païennes et qui ont changé la date (jours et mois), faisant ainsi que le monde célèbre ses fêtes païennes.

Ils confondront les jours, le saint avec l'impur... ils se tromperont au sujet des mois, des samedis, des fêtes et des jubilés : c'est la même chose que nous voyons aujourd'hui, les gens ne font plus de distinction entre le jour saint et le jour impur. Tous les jours sont pareils pour le monde, le samedi n'est plus le Shabbâth pour eux car ils l'ont changé ; de plus, ils ont même aboli les fêtes et il n'y a plus de jubilés.

Ces versets parlent de notre temps et de comment le monde est aujourd'hui. Réfléchissons, pensons, scrutons, retenons le bien et agissons avant qu'il ne soit trop tard.

CHAPITRE IX

Bourreaux et persécuteurs des serviteurs de YAHUAH

Parfois, il est très facile d'oublier les vicissitudes et les tempêtes que nos ancêtres ont traversées pour qu'aujourd'hui nous ayons toutes les libertés que nous avons ; je pourrais faire un récapitulatif depuis l'Ancien Testament. Cependant, pour une meilleure compréhension, nous commencerons par le Nouveau Testament.

Tout d'abord, oublions-nous les bourreaux et exécuteurs de **YAHUSHA** ? Ce sont, en fait, les mêmes qui ont persécuté les disciples de **YAHUSHA,** ou plutôt ses disciples. Rappelons-nous Saul de Tarse, mieux connu aujourd'hui comme l'Apôtre Paul. Quelle était la principale occupation de Saul ? Persécuter les disciples de **YAHUSHA,** puisqu'il était un Pharisien. Ils ont été les principaux persécuteurs, bourreaux et ennemis publics de **YAHUAH, YAHUSHA** et de tout ce qui avait rapport avec notre Créateur et Sauveur. Ils continuèrent ensuite à persécuter les apôtres, l'église primitive et tous les disciples de **YAHUSHA** ; tous ceux qui gardaient le Shabbâth et les fêtes Bibliques.

Apocalypse 3 : « Voici, je fais venir ceux de la synagogue de Satan, **qui se disent Yahudiy et ne le sont pas, mais qui mentent ; voici, je les ferai venir** et se prosterner à tes pieds, et ils sauront que je t'ai aimé. » Ils prétendent être le peuple de **YAHUAH**, mais en réalité ils ne le sont pas. Ils furent supplantés et implantés en Yâshâral depuis d'autres nations. Lorsque Yâshâral fut conquise, ses habitants furent dispersés dans le monde entier et de nouveaux habitants de nombreuses nations furent amenés pour peupler la nation de Yâshâral.

C'est le même groupe qui était présent avec Constantin, celui qui a persécuté, exécuté et emprisonné tout au long de l'histoire tous ceux qui s'opposaient à son nouveau dieu et à sa nouvelle religion, transgressant ainsi les commandements de **YAHUAH,** son jour du Shabbâth (Samedi) et ses fêtes.

YAHUSHA nous dit beaucoup de choses sur les Pharisiens, et croyez-moi, elles ne sont pas bonnes. Nous lisons parfois la Bible, mais nous ne nous arrêtons pas pour penser ou méditer sur ce que nous lisons. Examinons donc quelques versets clés.

Matthieu 23 : Faites donc et observez tout ce qu'ils vous disent ; **mais n'agissez pas selon leurs œuvres, car ils disent et ne font pas.**

Matthieu 23 : Mais, malheur à vous, scribes et pharisiens hypocrites ! car vous fermez aux hommes le royaume des cieux ; vous n'y entrez pas vous-mêmes, **et vous n'y laissez pas entrer ceux qui veulent y entrer.**

Marc 7 : Les Pharisiens et les scribes lui demandèrent alors : Pourquoi tes disciples ne marchent-ils pas selon **la tradition des anciens**, mais mangent-ils le pain avec des mains impures ? Il leur répondit : « Hypocrites, Yashayâhû a bien prophétisé sur vous, comme il est écrit : Ce peuple m'honore des lèvres, mais leur cœur est loin de moi.

Selon **YAHUSHA**, nous ne devons pas faire ce que font les Pharisiens, car ils sont un obstacle pour entrer dans le royaume de **YAHUAH.** À tel point qu'avec leurs traditions ils bloquent l'entrée dans le royaume de **YAHUAH.** Examinons quelques-unes des principales caractéristiques des scribes et des Pharisiens selon **Matthieu 23.**

Hypocrites : avec leurs traditions, doctrines et rituels, ils contredisent la loi de **YAHUAH.** Tout ce qu'ils font est un spectacle pour que les autres le voient, et ainsi ils trompent et éloignent les gens de **YAHUAH.** Malheur à vous, scribes et pharisiens hypocrites ! car vous dévorez les maisons des veuves, et vous faites de longues prières comme prétexte ; c'est pourquoi vous recevrez une condamnation plus grande.

Ils ferment le royaume des cieux : ils empêchent les gens d'entrer dans le royaume ; ils sont des pierres d'achoppement et chassent les gens des synagogues. 13. Mais, malheur à vous, scribes et pharisiens hypocrites ! car **vous fermez le royaume des cieux devant les hommes** ; vous n'y entrez pas vous-mêmes, et vous n'y laissez pas entrer ceux qui veulent y entrer.

Falsification des Écritures : ils tordent les Écritures selon leur propre convenance et créent ainsi des prétendues lacunes afin de transgresser les commandements. 16. Malheur à vous, guides aveugles ! qui dites : Si quelqu'un jure par le temple, ce n'est rien ; mais si quelqu'un jure par l'or du temple, il est lié par son serment.

Guides des aveugles : ils ne pratiquent point la justice et ne sont point miséricordieux. Malheur à vous, scribes et pharisiens hypocrites ! car vous payez la dîme de la menthe, de l'aneth et du cumin, et **vous laissez ce qui est le plus important dans la loi : la justice, la miséricorde et la foi**. C'est là ce qu'il fallait pratiquer, sans négliger le reste. Guides aveugles, qui filtrez le moucheron et avalez le chameau !

Présomptueux et complaisants : étant présomptueux et se croyant les meilleurs, ils cherchent les fautes chez les autres. Malheur à vous, scribes et pharisiens hypocrites ! car vous nettoyez l'extérieur de la coupe et du plat, mais **au dedans vous êtes pleins de rapine et d'intempérance.** Pharisien aveugle ! Nettoie premièrement l'intérieur de la coupe et du plat, afin que l'extérieur aussi soit net.

Les morts et les souillés spirituellement : ils sont spirituellement morts, c'est pourquoi ils ne peuvent conduire qu'à la mort spirituelle de ceux qui les suivent. Malheur à vous, scribes et pharisiens hypocrites ! car vous ressemblez à des sépulcres blanchis, qui à l'extérieur paraissent beaux, à la vérité, mais qui au dedans sont pleins d'ossements de morts et de toute impureté.

Ils n'échapperont pas au feu de l'enfer : ce sont des serpents et une génération de vipères, donc ils n'auront aucune échappatoire. De plus, sachant que leurs jours sont comptés, ils veulent entraîner toute l'humanité avec eux. Serpents, génération de vipères ! **Comment échapperez-vous à la condamnation de l'enfer ?**

Meurtriers : ils déploraient que leurs ancêtres aient été les auteurs de la mort des prophètes ; cependant, ils en étaient eux-mêmes les instigateurs et les exécuteurs. C'est ainsi qu'ils conduisirent notre Sauveur **YAHUSHA** à la mort, persécutèrent les disciples et les apôtres, et continuent et continueront à persécuter les disciples de **YAHUSHA.** C'est pourquoi, voici, je vous envoie des prophètes, des sages et des scribes ; v**ous en tuerez et empalerez, vous en flagellerez** dans vos synagogues et poursuivrez de ville en ville.

Peut-être que beaucoup de gens pensent que les Pharisiens et les scribes ont finalement cessé d'exister, mais malheureusement il n'en est pas ainsi. Ils ont simplement changé leur organisation ou leur nom et ont assumé encore plus de pouvoir dans le monde. En conséquence, ils ont créé le chaos et corrompu les commandements de **YAHUAH**. Il nous suffit de lire l'histoire ecclésiastique ou l'histoire générale pour réaliser la réalité.

Lorsque les Pharisiens et les scribes de notre siècle virent qu'ils ne pouvaient plus contenir ni poursuivre les massacres du passé, ils se cachèrent derrière l'Empire romain et décidèrent de se conformer à la lettre à ce verset**, Matthieu 7** : Gardez-vous des faux prophètes, qui viennent à vous en vêtements de brebis, mais qui au dedans sont des loups ravissants.

Ils se déguisèrent alors en disciples (brebis) de **YAHUAH** afin de corroder, corrompre et contaminer les vraies brebis de l'intérieur, puisqu'elles ne réalisent pas qu'ils sont des loups rapaces dont le seul objectif est d'éloigner l'humanité de **YAHUAH** et de la conduire sur la large route qui ne mène qu'à la perdition. Eux, habillés en brebis bien que loups au dedans, continueront à persécuter et à confondre l'humanité jusqu'à la fin des temps. **Matthieu 24 :** Et si ces jours n'étaient pas abrégés, p**ersonne ne serait sauvé ;** mais à cause des élus, ces jours seront abrégés. La tromperie et le mensonge sont si grands que même les élus seraient trompés. **Matthieu 24 :** Car il s'élèvera de faux Mâshîyach et de faux prophètes, et ils feront de grands prodiges et des miracles, au point de séduire, si possible, même les élus.

Cependant, ces loups rapaces et l'humanité en général oublient quelque chose de très important, **2 Pierre 3 :** Mais, ô bien-aimés, n'ignorez pas cette chose : que pour **YAHUSHA (YAHUAH)** un jour est comme mille ans, et mille ans comme un jour.

La règle d'or que nous avons tous ignorée et oubliée est que pour **YAHUAH** un jour est comme mille ans et mille ans sont comme un jour. Les tromperies, les déceptions et les ruses touchent à leur fin, tout comme le temps qu'il reste à l'humanité. Le péché aura sa juste rétribution et cette fois elle sera permanente. **Berēšhīṯh 2 :** Mais, de l'arbre de la connaissance du bien et du mal, tu n'en mangeras point ; car au jour où tu en mangeras, tu mourras certainement.

Tel fut l'avertissement donné à Âdâm, et l'humanité a oublié que **YAHUAH** a dit que le jour même où l'homme pécha ou mangea de l'arbre, il mourut. Il est important de souligner qu'il ne parlait pas d'une mort spirituelle, comme certains le disent, mais qu'il faisait référence à la mort physique. C'est la raison pour laquelle il n'y a aucun être humain qui ait atteint l'âge de mille ans (un jour pour **YAHUAH**), car le jour même où nous naissons, nous mourons et c'est grâce au péché originel.

Cela nous indique que **YAHUAH** n'est pas détendu et que ce n'est pas un jeu. Certaines personnes disent : Mais pourquoi **YAHUAH** permet-il tant de choses ? Ce que nous ne comprenons pas, c'est que pour **YAHUAH** l'humanité n'a pas encore atteint 7 jours (7 000 ans).

De même que YAHUAH en 7 jours créa tout ce qui existe (à l'exception des démons, qui étaient la création des hommes et des anges), sept jours il donne à sa création pour retourner à son origine. Le problème est que nous sommes si particuliers qu'au lieu de nous tourner à la poursuite de **YAHUAH**, nous nous tournons à la poursuite du mal et forçons ainsi **YAHUAH** à SAUVER les quelques-uns de sa création une fois de plus en détruisant tout le mal, mais cette fois avec le feu, comme il le fit avec Sedôm et Ămôrâh.

N'oubliez pas que nous entrons presque dans la fin du sixième jour de la création (environ 6 895 mille ans). Cela signifie que, bien que beaucoup de gens pensent qu'il est tard, la fin arrive et elle est plus proche que nous ne le pensons. Le septième jour ou jour de repos (Shabbâth) est le jour de repos pour **YAHUAH**, c'est lorsque YAHUSHA jouira de son règne pour un jour (mille ans). Puis, la fin viendra.

Les Idoles

Voici la définition du mot idole : « Image d'une divinité objet de culte. Personne ou chose aimée ou admirée avec exaltation. »

Cela nous indique que toute divinité ou soi-disant ALOHIYM qui est l'objet de culte ou de vénération est une idole, y compris toute personne ou chose que nous avons comme exaltée de telle manière que nous l'adorons ou la vénérons, lui faisant prendre la place de **YAHUAH** dans nos vies.

À tel point que le terme idole a pris un nouveau tournant dans toute l'humanité à un tel niveau qu'il n'est pas étrange d'entendre dire « c'est mon idole », en se référant à un personnage public, artiste ou autre célébrité. Une idole est aussi connue dans la Bible comme « faux dieu ou faux dieux ».

En d'autres termes, le terme le plus haï dans la Bible est devenu quelque chose de commun et de normal dans notre société. Nous concluons alors qu'une idole, c'est lorsque quelque chose ou quelqu'un devient plus important pour nous que **YAHUAH.**

Wayyīqrā 26 : Vous ne vous ferez point d'idoles, ni image taillée, et vous n'élèverez point de statue, et vous ne mettrez point dans votre pays de pierre ornée pour vous prosterner devant elle ; car je suis **YAHUAH** votre **ALÔHÎYM**.

Le mot utilisé pour idole est Ĕlîyl (אֱלִיל) et signifie « bon à rien, vain ou vanité ; idole, chose de rien. » Voilà ce qu'est une idole selon la Bible et selon le texte hébreu ; en d'autres termes, les gens échangent **YAHUAH** contre rien, quelque chose de bon à rien et sans valeur.

L'Idolâtrie

L'idolâtrie est l'adoration d'une idole ou d'une image d'une divinité ou l'offrande d'un culte à celle-ci. Une telle divinité ou idole prend la place de **YAHUAH** et est adorée comme si elle l'était, c'est-à-dire que c'est la vénération, l'amour ou l'adoration d'une idole.

Si nous lisons attentivement notre Bible, il n'y a pas une seule référence bonne ou positive sur l'idolâtrie. En fait, cette pratique est fermement condamnée tout au long de la Bible. À tel point que le premier commandement est contre cette pratique abominable.

Shemōṯh 20 : Tu n'auras pas d'autres dieux devant moi. Tu ne te feras point d'image taillée, ni de représentation quelconque des choses qui sont en haut dans les cieux, qui sont en bas sur la terre, ou qui sont dans les eaux sous la terre. Tu ne te prosterneras point devant elles et tu ne les serviras point ; car moi **YAHUAH** ton **ALÔHÎYM**, je suis un **AL** jaloux, qui punit l'iniquité des pères sur les enfants jusqu'à la troisième et quatrième génération de ceux qui me haïssent.

Si nous disons que nous croyons en la Bible et la lisons fréquemment, nous prétendons aussi connaître les commandements, qui sont les mêmes dans le monde entier, à l'exception de quelques entités religieuses qui l'ont raccourcie ou en ont supprimé certaines parties. Cependant, en fin de compte, ce sont les mêmes commandements pour toute l'humanité.

Comment se fait-il que nous soyons encore dans cette pratique abhorée de l'idolâtrie ? Les idoles et l'idolâtrie ont été le principal problème du peuple de **YAHUAH** depuis la chute ; l'homme s'est prostitué à d'autres faux dieux, les a adorés et a oublié les lois, les préceptes et les statuts de **YAHUAH.**

Parfois nous voulons nous présenter comme des justiciers et condamner le peuple de Yâshâral pour sa prostitution constante avec des dieux païens et son oubli de son Créateur **YAHUAH** ; cependant, quelle différence y a-t-il aujourd'hui ?

Nous en sommes au même point, ou pire, et lorsque nous avons la corde autour du cou parce que nous ne pouvons plus supporter les problèmes ou l'oppression, alors nous crions à **YAHUAH** pour qu'il nous libère. Et grâce à son infinie bonté, **YAHUAH** nous libère. Et au fur et à mesure que le temps passe, nous sommes bénis et prospères, et nous oublions de nouveau **YAHUAH** et nous nous prostituons à des dieux païens, et le cycle se répète chaque jour de nos vies. Réfléchissons et repensons avant qu'il ne soit trop tard.

Les faux dieux ou dieux païens dans la Bible

Voici une liste des principaux faux dieux ou dieux païens que l'on trouve dans la Bible. Vous pouvez consulter les versets bibliques pour plus d'informations ou chercher sur internet pour connaître les détails sur ces divinités païennes.

2 Melāḵīm 7 : 31	2 Melāḵīm17: 30	2 Melāḵīm 1: 1-6	2 Melāḵīm 19: 37	2 Melāḵīm 5: 18	1 Melāḵīm 11: 5
Nibhaz Tartac Adramelech Anamelec	Sukkot-benot Nergal Asima	Baal-zebub (Beelzebub)	Nisroc	Rimmon	Astoret Milcom
Šhemōṯh 34: 13	Yirmeyâhû 7: 9	Šhōphṭīm 16: 23	Yashayâhû 46: 2	Yechezqêl 8: 14	Acts 14: 12 & 19: 24
Asherah-	*Baal (il existe de nombreuses combinaisons avec le nom de cette divinité)	Dagon	Bel Nebo	Tammuz	Jupiter, Mercure, Diane (Artémis)

CHAPITRE X

Le Salut

Certaines personnes sont confuses et demandent comment les gens pouvaient être sauvés dans l'Ancien Testament ; mais le salut n'a jamais changé, il a toujours été le même.

Éphésiens 2 : Car c'est par la grâce que vous êtes sauvés, par le moyen de la foi. Et cela ne vient pas de vous, c'est le don d'**ALOHIYM**. Ce n'est point par les œuvres, afin que personne ne se glorifie.

Chăbaqqûq 2 : Voici, son âme s'est enflée, elle n'est pas droite en lui ; mais le juste vivra par sa foi.

La grâce par la foi est la clé du salut. Si nous comprenons que c'est par grâce que nous sommes sauvés et que c'est un don gratuit et immérité qui vient directement de **YAHUAH**, alors nous sommes sauvés. Le sacrifice salvateur accompli pour le pardon de nos péchés avec la mort de notre Sauveur **YAHUSHA** nous donne accès au trône de la grâce et du salut ou de la vie éternelle.

Jean 14 : YAHUSHA lui dit : Je suis le chemin, la vérité et la vie ; nul ne vient au Père (**YAHUAH)**, que par moi (**YAHUSHA**).

YAHUSHA est le seul chemin ou la seule voie pour atteindre le trône de la grâce et être accepté par notre Créateur **YAHUAH**, et ainsi obtenir le salut pour nos âmes. Lorsque nous acceptons **YAHUSHA** comme notre Sauveur, dès ce moment même le sang de YAHUSHA répandu sur le Calvaire nous rachète et nous sauve. Alors, **YAHUAH** lorsqu'il nous regarde, voit le sang répandu par **YAHUSHA** et la grâce qui nous a été accordée dans Son sacrifice ; au lieu de regarder nos fautes et notre impureté.

Comment peut-on être sauvé ? La réponse est claire dans ces versets bibliques. **Actes 16 :** Et il les fit sortir et dit : Messieurs, que faut-il que je fasse pour être sauvé ? Ils répondirent : Crois au Maître **YAHUSHA** le Mâshîyach, et tu seras sauvé, toi et ta maison. Une fois de plus, il suffit de croire en **YAHUSHA** le Mâshîyach, en le confessant avec ta bouche et en croyant avec ton cœur. C'est cela le salut.

N'oublions pas que le salut a une connotation future et c'est la certitude que nous cherchons tous. Nous voulons tous savoir où nous passerons l'éternité ? Lorsque nous parlons de salut, nous faisons principalement référence à l'état futur ou éternel de nos âmes.

C'est la question qui hante nos esprits : sera-ce pour la damnation éternelle ou le salut éternel ? Ou où sera-ce ? Nous devons nous rappeler quelques points importants afin de mieux comprendre la destination finale de chaque personne.

Lorsqu'une personne meurt, **selon YAHUSHA**, cette personne entre dans un état de sommeil. **Jean 11 :** Ayant dit cela, il leur dit ensuite : Notre ami Lazare dort ; mais je vais le réveiller. Nous sommes tout comme les disciples qui ne comprirent pas lorsque **YAHUSHA** leur dit que Lazare dormait ; mais **YAHUSHA** leur dit qu'il était mort, parce que lorsque nous mourons, nous entrons dans une étape de sommeil.

Nulle part dans la Bible il n'est écrit que lorsque nous mourons nous allons au ciel ; ce n'est pas une croyance biblique. À tel point que la Bible ne dit pas que nous allons au ciel dans aucun état ou moment de notre existence. Le ciel n'a pas été créé pour les humains, la terre est le lieu que **YAHUAH** a créé pour nous. C'est à tel point que **YAHUSHA** apporte la nouvelle Yarûshâlaim sur la terre pour demeurer avec nous.

Lorsque nous mourons, nous entrons dans le tombeau ou la chambre sépulcrale (état de sommeil) où nous attendons la résurrection. **Jean 5**

: Ne vous étonnez pas de cela ; car l'heure vient où tous ceux qui sont dans les sépulcres entendront sa voix, et en sortiront ; ceux qui auront fait le bien, pour la résurrection de vie, et ceux qui auront fait le mal, pour la résurrection de condamnation.

Nous entendons tous Sa voix, mais certains seront ressuscités pour la damnation éternelle et d'autres pour le salut éternel.

Ceux d'entre nous qui sont ressuscités à la vie éternelle passeront notre éternité dans la nouvelle Yarûshâlaim (non pas dans les cieux), mais dans le tabernacle de **YAHUAH** qui est la nouvelle Yarûshâlaim descendant des cieux. Ceux qui sont ressuscités pour la condamnation, ceux dont les noms ne se trouvent pas dans le livre de vie, seront alors consumés par le feu éternel. **Matthieu 25 :** Et ceux-ci iront au châtiment éternel, et les justes à la vie éternelle.

Récapitulons :

Le salut ne vient que par le sang répandu sur le Calvaire pour le pardon de nos péchés. C'est-à-dire que seul **YAHUSHA** nous donne le salut, personne ni rien d'autre.

Lorsque nous mourons, nous entrons dans un état de sommeil. Vous n'allez pas au ciel et vous n'allez pas en enfer. Vous allez directement dans la chambre du tombeau où vous attendrez d'être jugé au Jour du Jugement.

Qōheleṯh 9 : Car les vivants savent qu'ils mourront ; mais les morts ne savent rien, et il n'y a plus de salaire pour eux, parce que leur mémoire est oubliée. Leur amour, leur haine et leur jalousie ont également péri, et ils n'ont plus de part à rien de ce qui se fait sous le soleil. Et puisque nous dormons, il n'y a plus rien qui puisse être fait, vous n'avez l'opportunité que pendant que vous êtes en vie. Les morts ne ressentent ni ne souffrent de rien. Ce n'est que pendant que vous êtes en vie que vous pouvez le faire, choisissez qui vous voulez servir. Choisissez la large voie ou la voie étroite.

À la Seconde Venue de **YAHUSHA,** ceux d'entre nous qui sont morts en Le suivant comme notre Sauveur seront ressuscités, et ceux d'entre nous qui sont en vie en ce moment et qui Le servent de tout leur cœur seront enlevés sur les nuées pour rejoindre notre Sauveur. **1 Thessaloniciens 4 :** Car **YAHUSHA** lui-même, avec un cri de commandement, avec la voix d'un archange, et avec la trompette d'**ALOHIYM**, descendra du ciel, et les morts en Mâshîyach ressusciteront premièrement. 17. Ensuite, nous les vivants, qui serons restés, nous serons tous ensemble enlevés avec eux sur des nuées, à la rencontre de **YAHUSHA** dans les airs, et ainsi nous serons toujours avec **YAHUSHA.** C'est là où la plupart des gens sont confus, car nous irons à sa rencontre dans les airs... bien sûr, il descend, donc nous le rencontrerons dans les airs avant de s'établir sur la terre, mais nous ne montons pas, nous descendons avec lui.

Nous régnons avec **YAHUSHA** sur cette terre pendant mille ans. **Apocalypse 20 :** Et je vis des trônes ; et ceux qui s'y assirent reçurent le pouvoir de juger ; et je vis les âmes de ceux qui avaient été décapités à cause du témoignage de **YAHUSHA** et à cause de la parole d'**ALOHIYM**, de ceux qui n'avaient pas adoré la bête ni son image, **et qui n'avaient pas reçu la marque sur leur front ni sur leur main ; et ils vécurent et régnèrent avec le Mâshîyach mille ans.**

Après cela, ceux qui sont morts depuis le commencement de l'humanité et ceux qui sont morts sans **YAHUSHA** dans leur vie, seront ressuscités pour **le jour du Dernier Jugement,** où ils recevront une juste récompense pour leurs actions. C'est-à-dire qu'ils recevront le salut ou la damnation éternelle. **Apocalypse 20 :** Mais, les autres morts ne revinrent point à la vie jusqu'à ce que les mille ans fussent accomplis. C'est la première résurrection. Heureux et saint est celui qui a part à la première résurrection ! La seconde mort n'a point de pouvoir sur eux ; mais ils seront Kôhên d'**ALOHIYM** et du Mâshîyach, et ils régneront avec lui mille ans. C'est ici que les méchants seront jetés dans le feu éternel, **Apocalypse 20 :** Et la mort et le séjour des morts furent jetés dans l'étang de feu. C'est la seconde mort. Et quiconque ne fut pas trouvé écrit dans le livre de vie fut jeté dans l'étang de feu.

MAIS il y a une grande nouvelle pour tous ceux d'entre nous qui font partie des élus, ceux qui reçoivent la vie éternelle : nous recevrons tous des CORPS NOUVEAUX, tout comme **YAHUSHA** lorsqu'il revint de la mort. SEULS les justes recevront de nouveaux corps, les méchants seront consumés. **Philippiens 3 : 21.** qui transformera le corps de notre humiliation (corps corrompus, nos corps actuels), en le rendant semblable au corps de sa gloire (nos nouveaux corps), par le pouvoir qu'il a de s'assujettir toutes choses.

Car nous aurons besoin de nos nouveaux corps pour entrer dans la Nouvelle Yarûshâlaim. La Nouvelle Yarûshâlaim clairement décrite dans **Apocalypse 21** : Et moi Jean, je vis la sainte cité, la nouvelle Yarûshâlaim, qui descendait du ciel d'auprès d'**ALOHIYM,** préparée comme une épouse ornée pour son mari.

C'est-à-dire qu'elle descend du ciel pour s'établir sur la terre où nous demeurerons avec notre Créateur **YAHUAH.** Nulle part dans les Écritures il n'est dit que nous, les humains, allons au ciel. Cela ne se produit pas, ce n'est pas biblique. La terre est notre paradis qui a été créé pour nous et nous le corrompons avec le péché, c'est pourquoi nous avons besoin de notre nouvelle demeure qui remplacera cette terre corrompue par la Nouvelle Yarûshâlaim immaculée. Mais, tout se passera ici, nous sommes des êtres terrestres et sur la terre nous serons toujours ; le ciel n'est pas pour nous les humains, donc nous n'irons jamais au ciel.

J'espère que nous pouvons comprendre la gravité et la brièveté de la situation actuelle dans laquelle nous nous trouvons. Pour ceux qui veulent avoir un passage sûr ou libre vers la vie éternelle, seul **YAHUSHA** peut le donner et il n'y a cette possibilité que pendant que nous sommes en vie.

C'est la raison pour laquelle **YAHUSHA** est notre salut et c'est seulement en **YAHUSHA** qu'il y a le salut pour nos âmes. Il n'y a plus d'autres opportunités, c'est **ICI ET MAINTENANT**. Soyez très attentifs à ce que vous choisissez, car votre décision est une question de vie ou de mort éternelle. **Matthieu 24 :** Mais celui qui persévérera jusqu'à la fin sera sauvé.

Beaucoup trop de gens sont confus au sujet du salut et ils regardent autour d'eux et essaient d'apprendre des autres avec la crainte et le doute de savoir s'ils sont sauvés ou non. Permettez-moi d'illustrer cela pour une meilleure compréhension.

Il y a une rue dans votre ville, quartier ou village et cette rue est la seule qui ait des poteaux électriques. Il n'y a de lumière nulle part ailleurs, SEULEMENT cette rue a des poteaux électriques et de l'électricité. Par conséquent, quiconque marche, conduit ou passe par cette rue jouira du bénéfice de la lumière. MAIS, si vous sortez ou conduisez en dehors de cette rue ; trouverez-vous de la lumière ? Bien sûr que non, cette rue est la SEULE et le SEUL endroit avec de l'électricité.

Vous pouvez faire semblant de marcher près de cette rue, mais vous ne verrez que la lumière sur les autres, mais la lumière ne vous atteindra pas. ET, tant que vous êtes dans cette rue, vous serez toujours dans cette lumière. Si vous en sortez, vous vous trouverez à marcher dans les ténèbres, parce que vous avez quitté la SEULE rue où il y a de la lumière.

Cette rue s'appelle **YAHUSHA** (il est le chemin), cette lumière dans la rue est **YAHUSHA** (il est la vie). Si vous sortez de lui, l'abandonnez ou le quittez, vous êtes automatiquement hors de son chemin ; par conséquent, vous ne jouissez plus de ses privilèges. Vous devez demeurer en lui pour jouir des choses qu'il a déjà préparées pour nous. En dehors de lui, il n'y a RIEN.

La seule chose que vous avez à faire est de garder ses commandements et rien d'autre. **Jean 8 :** 51. En vérité, en vérité, je vous le dis, si quelqu'un garde ma parole (parole, commandement), il ne verra jamais la mort. **Jean 14 :** 15. Si vous m'aimez, gardez mes commandements.

Comment développer une relation avec YAHUAH (YAHUSHA) ?

Nous voulons tous savoir comment développer une relation personnelle avec notre Créateur **YAHUAH** ou notre Sauveur **YAHUSHA.**

La vérité est qu'en tant qu'êtres humains, nous cherchons toujours les voies les plus difficiles pour nous sentir bien et dire que nous faisons quelque chose pour contribuer à notre relation avec **YAHUAH.** Cependant, c'est plus simple que ce qu'on nous a enseigné et que ce que nous pensons. Voici les trois étapes importantes pour parvenir à cette relation :

Étudier la Parole de YAHUAH : en étudiant sa parole, nous pouvons parvenir à connaître ses commandements et ses statuts pour nos vies. Je parle toujours de ses commandements (10 commandements) et de ses statuts (garder ses fêtes). **Jean 5** : Vous sondez les Écritures, parce que vous pensez avoir en elles la vie éternelle : ce sont elles qui rendent témoignage de moi. (**YAHUSHA**).

Parler à **YAHUAH :** nous devons nous rappeler qu'une relation prend du temps et que la façon de se rapporter est de communiquer, de parler et de partager avec **YAHUAH. Tehīllīm 119 :** Je méditerai sur tes préceptes et considérerai tes voies. 16. Je me réjouirai dans tes statuts : je n'oublierai point ta parole. **Yahusha 1 :** Que ce livre de la loi ne s'éloigne point de ta bouche ; médite-le jour et nuit, pour agir fidèlement selon tout ce qui y est écrit ; car c'est alors que tu auras du succès dans tes entreprises, c'est alors que tu réussiras. En méditant et en pensant à ses commandements et à ses statuts, nous partageons avec **YAHUAH**, nous nous délectons de ses ordonnances et en même temps nous partageons avec **YAHUAH** d'une manière naturelle au lieu d'en faire un rituel monotone. C'est notre façon de communication pour parler constamment à notre Créateur **YAHUAH. 1 Thessaloniciens 5 :** Priez sans cesse. Ce n'est pas que nous soyons toujours à genoux, mais nous méditons constamment sur sa parole et ses commandements. De cette façon, nous prions sans cesse et sommes en communication constante avec **YAHUAH.**

Suivre YAHUSHA : Jean 14 : YAHUSHA lui dit : Je suis le chemin, la vérité et la vie ; nul ne vient au Père **(YAHUAH)**, que par moi **(YAHUSHA).** Si vous me connaissiez **(YAHUSHA)**, vous connaîtriez aussi mon Père **(YAHUAH) ;** et dès maintenant vous le connaissez, et vous l'avez vu. Comment suivons-nous **YAHUSHA ? Jean 14 :** Si vous m'aimez, gardez mes commandements. C'est tout ce que nous avons à faire pour suivre **YAHUSHA**. Nous devons lui témoigner de l'amour après l'avoir accepté dans nos vies, et la seule façon dont nous montrons cet amour est lorsque nous gardons ses commandements. Nous avons déjà vu que les commandements auxquels **YAHUSHA** fait référence sont les 10 commandements.

Comme vous pouvez le voir, ces trois simples étapes sont tout ce dont nous avons besoin pour développer notre relation personnelle avec notre Créateur **YAHUAH** et notre Sauveur **YAHUSHA.** Je ne sais pas si vous l'avez remarqué, mais à aucun moment je n'ai parlé de sentiments ou d'états émotionnels. Notre relation et notre communication avec notre Créateur **YAHUAH** n'ont rien à voir avec les sentiments ou comment nous nous sentons.

J'ai entendu tant de gens dire : « Ça ne marche tout simplement pas pour moi. Je ne le ressens tout simplement pas. J'ai l'impression que je ne le fais pas bien. » Les sentiments sont traîtres parce qu'ils sont futiles et fugaces. Notre relation est basée sur la conviction et l'action. **Hébreux 11 :** Or la foi est une ferme assurance des choses qu'on espère, une démonstration de celles qu'on ne voit pas. C'est précisément ce que nous devons comprendre : nous nous approchons de **YAHUSHA** par la foi, et la foi est action, c'est conviction, ce ne sont pas des sentiments ou des mots. C'est la conviction et la certitude, ou la sécurité, dans ce que nous faisons et en ce que nous croyons.

Les Élus

Dans la plupart des cas, nous ne prêtons pas attention ou plutôt nous ne nous arrêtons pas pour réfléchir à ce sujet et, alors, la réalité de celui-ci échappe à notre perspective et à notre vie. Nous oublions qu'il y a les élus, les privilégiés, les favoris ou la semence de **YAHUAH** ; quelle que soit la qualification que vous voulez utiliser me convient.

YAHUAH créa toutes choses et le sixième jour il décide de créer l'homme (corporel) à son image ou ressemblance ; c'est son œuvre la plus parfaite et pour laquelle il a tout créé. **YAHUAH** est satisfait de sa création et la donne à Âdâm et Chawwâh pour qu'ils en prennent soin et en jouissent.

Berēšhīṯh 2 : Et **YAHUAH ALÔHÎYM** prit Âdâm et le plaça dans le jardin d'Éden pour le cultiver et le garder. Cependant, Âdâm et Chawwâh désobéirent et amenèrent le péché, ou la désobéissance, pour la première fois depuis la création et en conséquence, sont chassés du Jardin d'Éden, ou mieux connu comme le paradis. **YAHUAH** les chasse parce que rien de corrompu ou d'impur ne peut jouir du paradis créé par lui.

Berēšhīṯh 3 : C'est pourquoi **YAHUAH ALÔHÎYM** le chassa du Jardin d'Éden, pour qu'il cultivât la terre dont il avait été formé. 24. Il chassa donc l'homme ; et il plaça à l'orient du Jardin d'Éden les Kerûb, et la flamme de l'épée tournoyante, pour garder le chemin de l'arbre de vie.

Puis l'humanité commence à se peupler et nous trouvons que la désobéissance et la pollution sont si grandes dans la création que

YAHUAH décide de préserver la seule chose pure qui en reste. Sauver les élus : Nôach et ses proches (huit au total).

Berēšhīṯh 6 : Mais j'établirai mon alliance avec toi ; et tu entreras dans l'arche, toi et tes fils, et ta femme, et les femmes de tes fils avec toi. Et de tout ce qui vit, de toute chair, tu feras entrer dans l'arche deux de chaque espèce, pour les garder en vie avec toi ; il y aura un mâle et une femelle. Des oiseaux selon leur espèce, et du bétail selon son espèce, de tout reptile de la terre selon son espèce, deux de chaque espèce viendront vers toi, pour que tu les gardes en vie.

Puis, l'histoire de l'humanité continue, cependant, la corruption et la pollution de la création de **YAHUAH** sont de nouveau si horrifiantes que le moment vient de détruire Sedôm et Ămôrâh. Mais, non sans que **YAHUAH** sauve les élus.

Berēšhīṯh 19 : Voici, ton serviteur a trouvé grâce à tes yeux, et tu as témoigné une grande bonté envers moi en sauvant ma vie ; mais je ne puis me sauver sur la montagne, de peur que le malheur ne m'y atteigne et que je ne meure. 20. Voici, cette ville est assez proche pour fuir là, et elle est petite : oh ! Laisse-moi me sauver là (n'est-elle pas petite ?) et mon âme vivra.

L'humanité ayant tellement avancé, **YAHUAH** décide alors qu'il est temps de remettre Sa Loi à Son peuple élu. Et c'est pourquoi sur le Mont Sîynay **YAHUAH** transmet ses 10 commandements pour son peuple élu à Môshah.

Cette loi ne fut pas donnée à toutes les nations voisines, et encore moins au monde entier, mais elle fut donnée au peuple élu de Yâshâral. Mais, ce qui est intéressant, c'est que lorsque **YAHUAH** donne les commandements à Môshah, il inclut aussi le Gentil (non Yâshâral) et l'étranger qui vivait dans le pays de Yâshâral et voulait faire partie du peuple.

Šhemōṯh 19 : Maintenant donc, si vous écoutez attentivement ma voix et si vous gardez mon alliance, vous serez mon trésor particulier parmi tous les peuples, car toute la terre est à moi. Et vous serez pour moi un royaume de **kôhên** et une nation sainte. Ce sont là les paroles que tu diras aux fils de Yâshâral.

En d'autres termes, **YAHUAH** accorde la citoyenneté à quiconque souhaite faire partie de Son peuple, qu'il soit étranger ou païen. S'il voulait faire partie du peuple et suivre la loi de **YAHUAH,** alors il était naturalisé ; il devenait citoyen de Yâshâral et faisait partie du peuple élu.

Wayyīqrā 19 : Si un étranger vient séjourner avec toi dans ton pays, vous ne l'opprimerez point. L'étranger qui séjourne parmi vous sera pour vous comme un indigène du milieu de vous ; et tu l'aimeras comme toi-même, car vous avez été étrangers dans le pays de Mitsrayim : Je suis **YAHUAH** votre **ALÔHÎYM.**

J'espère que vous vous souvenez de l'histoire de Râchâb, la prostituée qui vivait dans la ville de Yerîychô lorsque Yahusha (Josué) conquit cette ville. Râchâb n'était pas une Yâshâral et n'appartenait pas au peuple de Yâshâral ; elle était une Gentile, une païenne, une femme de mauvaise vie ou une prostituée. Cependant, elle protégea les espions et par conséquent fut adoptée dans le peuple de Yâshâral comme faisant partie de lui. Ce qui est le plus étonnant dans cette histoire, c'est que Râchâb eut deux fils ; l'un d'eux était Bôaz, de qui vint le Roi Dâwid et, par conséquent, de qui vint le Mâshîyach **YAHUSHA**. C'est-à-dire que d'une étrangère qui devint citoyenne du peuple de **YAHUAH**, le Mâshîyach vint ensuite comme le Sauveur de Son peuple.

Matthieu 1 : Salmon engendra Bôaz de **Râchâb**, Bôaz engendra Ôbêd de Ruth, et Ôbêd engendra Yishay. Yishay engendra le Roi Dâwid, et le Roi Dâwid engendra Shelômôh de celle qui avait été la femme d'Ûrîyâhû.

C'est le même concept que lorsque vous immigrez dans un autre pays, disons, par exemple, l'Italie. Vous serez un étranger en Italie jusqu'à ce que vous fassiez tout le processus légal et que le gouvernement italien vous accorde la citoyenneté. À partir de ce moment, vous serez déjà un citoyen italien, même si vous n'êtes pas né, élevé ou n'avez pas le sang naturel des Italiens en vous. Il est maintenant citoyen et jouit donc de tous les privilèges que les Italiens de naissance ont et, en plus et de la même manière, il a les mêmes responsabilités et doit se conformer aux mêmes lois.

Wayyīqrā 24 : Vous aurez une même loi pour l'étranger comme pour l'indigène ; car je suis **YAHUAH** votre **ALÔHÎYM.**

En conclusion, c'est le même concept que **YAHUAH** a toujours mis à disposition afin que quiconque souhaite faire partie de Son peuple puisse devenir citoyen du royaume. Puisque nous sommes déjà citoyens du royaume de **YAHUAH,** nous avons alors l'obligation et le privilège d'obéir aux lois de **YAHUAH** parce que la loi fut donnée directement au peuple de **YAHUAH,** non à toute l'humanité.

De même, **YAHUAH** décide de créer ses Fêtes (7 par an) pour se révéler à Son peuple à travers elles. Ces Fêtes furent données uniquement au peuple de **YAHUAH** et non au monde entier, ni à toutes les nations. Elles furent données uniquement aux élus.

Wayyīqrā 23 : Et YAHUAH parla à Môshah, en disant : Parle aux fils de Yâshâral et dis-leur : Les fêtes de **YAHUAH** que vous proclamerez comme de saintes convocations, ce sont mes fêtes.

L'humanité continue son cours et **YAHUAH** se révèle à Son peuple, aux Élus, tout au long de l'histoire. Cependant, **YAHUAH** ne se révèle qu'aux élus et non au monde entier. À tel point que **YAHUAH** décide d'envoyer Son fils unique **YAHUSHA** mourir sur le Calvaire afin que Son peuple, c'est-à-dire les élus, puisse être réconcilié avec **YAHUAH.**

1 Jean 4 : En ceci est l'amour : ce n'est pas nous qui avons aimé **ALOHIYM,** mais c'est lui (**YAHUAH**) qui nous a aimés et qui a envoyé son Fils (**YAHUSHA**) comme propitiation pour nos péchés.

YAHUSHA vint pour donner la vie éternelle uniquement à ceux qui le reçoivent et confessent son nom. **Jean 1 :** Mais à tous ceux qui l'ont reçu, à ceux qui croient en son nom, il a donné le droit de devenir enfants d'**ALOHIYM.** Le concept est uniquement pour ceux qui le reçoivent, ce n'est pas pour tout le monde ni pour toute l'humanité ; c'est uniquement et exclusivement pour les élus.

Étonnamment, cela ne s'arrête pas là, car **YAHUSHA** dit ensuite qu'Il doit revenir pour Son peuple, pour les Élus. Il ne revient pas pour toute l'humanité, mais uniquement et exclusivement pour Son peuple, pour les Élus. Ce qui est le plus impressionnant de tout est que **YAHUSHA** prépare une demeure pour nous avec **YAHUAH.** Même si nous gâtons tout, **YAHUAH** continue à créer un endroit spécial pour ses élus.

Jean 14 : Dans la maison de mon Père (**YAHUAH**), il y a plusieurs demeures. S'il en était autrement, je vous l'aurais dit. Je (**YAHUSHA**) vais vous préparer une place. 3. Et lorsque je m'en serai allé et que je vous aurai préparé une place, je reviendrai et je vous prendrai avec moi, afin que là où je suis vous y soyez aussi.

Or, comme cela a été depuis le commencement de l'humanité, rien d'impur ou de pécheur ne peut entrer ou jouir du paradis créé pour nous. **YAHUAH** doit une fois encore sauver les élus et condamner ou consumer définitivement les non-élus, les enfants de la perdition. **YAHUAH** doit purifier ou épurer sa création afin que seuls les élus ou les purs viennent jouir du paradis créé.

Apocalypse 21 : Il n'entrera chez elle (Nouvelle Yarûshâlaim) rien de souillé, ni personne qui se livre à l'abomination et au mensonge, mais seulement ceux qui sont inscrits (**uniquement ceux qui sont enregistrés, personne d'autre)** dans le livre de vie de l'Agneau (**YAHUSHA**).

En bref, tel est le concept que j'espère être clair pour nous tous. La création n'a pas été faite pour les impurs ou les corrompus, mais la création a été créée pour le peuple de **YAHUAH**. Rien d'impur ou de corrompu ne pourra jamais prévaloir ni entrer dans le paradis créé par **YAHUAH**.

C'est pourquoi, tout au long de l'histoire, **YAHUAH** a toujours préservé Son peuple ou sa semence, parce que tout ce qu'Il a fait est bon afin que rien de ce qui ne l'est pas ne puisse jouir ou coexister avec la bonté de **YAHUAH.**

Jean 11 : Et quiconque vit et croit en moi ne mourra jamais. Crois-tu cela ?

Actes 10 : C'est à lui que tous les prophètes rendent témoignage, que quiconque croit en lui reçoit, par son nom, la rémission des péchés.

1 Jean 5 : Quiconque croit que **YAHUSHA** est le Mâshîyach est né d'**ALOHIYM** ; et quiconque aime celui qui l'a engendré aime aussi celui qui est né de lui.

En d'autres termes, malheureusement pour beaucoup et peu importe combien cela peut être dur ou amer à accepter, en fin de compte tout appartiendra au groupe des élus, à ceux qui croient en **YAHUSHA**, au peuple de **YAHUAH**. Et puisque **YAHUSHA** est notre ambassadeur, seul **YAHUSHA** peut nous donner la citoyenneté du royaume de **YAHUAH** et, par conséquent, nous pouvons maintenant devenir citoyens du royaume ou du peuple de **YAHUAH** par la grâce et la foi en **YAHUSHA**, notre ambassadeur éternel.

De même, parce que nous sommes des citoyens spirituels du royaume de **YAHUAH** ici sur cette terre, nos lois sont les lois de YAHUAH. En obéissant aux lois du Roi, nous obtenons notre badge de citoyens du royaume ; et garder les commandements de **YAHUAH** et se souvenir et célébrer ses fêtes sont des signes que nous sommes citoyens de Son royaume.

Bemiḏbar 9 : Et si un étranger séjourne parmi vous et veut célébrer le Pesach à **YAHUAH ;** il le fera selon les ordonnances et les rites du

Pesach : vous aurez une même ordonnance pour l'étranger et pour celui qui est né dans le pays.

Pouvez-vous vous appeler citoyen du royaume de **YAHUAH** si vous n'obéissez pas aux commandements du Roi ? Certainement PAS. Il n'y a aucun moyen d'être citoyen d'une nation (la Nation de **YAHUAH**) si l'on n'obéit pas aux lois établies dans cette nation.

Jean 14 : YAHUSHA lui dit : Je suis le chemin, la vérité et la vie ; nul ne vient au Père (**YAHUAH)**, que par moi **(YAHUSHA)**.

Par exemple, vous n'êtes pas considéré comme citoyen d'une nation si vous ne célébrez pas et n'attendez pas avec impatience le jour de l'indépendance de votre pays. Alors, comment pensez-vous pouvoir être considéré comme citoyen du royaume de **YAHUAH** si vous ne célébrez pas les fêtes du Roi et l'indépendance du Royaume ?

Cependant, ce qui est le plus DUR et AMER est que ces lois et ces fêtes ne sont pas pour tout le monde, mais sont UNIQUEMENT pour les enfants ou citoyens du royaume. Les fils de la perdition ne célébreront jamais et ne s'intéresseront pas aux lois du royaume de **YAHUAH**, parce qu'ils n'appartiennent pas au groupe des élus. Ils ont déjà une autre citoyenneté ou un autre roi, c'est-à-dire la citoyenneté de la perdition : ils obéissent aux lois du père de la perdition.

Cela signifie que le contenu de cette œuvre n'est pas pour tout le monde. Il est possible que la grande majorité dise que ce sont des absurdités ou que ce n'est pas ce qu'on leur a enseigné depuis l'enfance. Peut-être qu'ils disent simplement que les concepts développés sont des mensonges et essaient donc de justifier leurs actions contraires à la vérité. C'est parce qu'ils ne font pas partie des élus.

Lorsque votre cœur vous fait comprendre et accepter la vérité, peu importe combien elle peut sembler dure ou difficile, vous saurez que vous faites partie des citoyens du royaume. Le badge que portent les citoyens du royaume de **YAHUAH** est de reconnaître les commandements de **YAHUAH** dans leur vie, de les garder et de célébrer ses fêtes, des actions qui fonctionnent comme le sceau qui clôt l'alliance en tant que citoyen du royaume.

Jubilés 2 : Et il nous donna un grand signe, le jour du Shabbâth, afin que nous travaillions six jours, mais que nous gardions le Shabbâth le septième jour de tout labeur. 18. Et tous les anges **de la présence,** et tous les anges **de la sanctification**, ces deux grandes classes : il nous a ordonné de garder le Shabbâth avec Lui dans les cieux et sur la terre.

Je partage ces deux versets afin que nous puissions mieux comprendre que ce n'est pas pour tout le monde ni pour toute l'humanité, c'est uniquement pour les élus de **YAHUAH.** Certaines personnes pensent que tous les anges gardent le Shabbâth et que toute l'humanité reconnaît et accepte les commandements de **YAHUAH**. Cependant, cela est loin de la vérité.

YAHUAH ne sélectionna que deux catégories d'anges pour garder le Shabbâth avec Lui : **tous les anges de la présence et tous les anges de la sanctification.** C'est-à-dire les anges élus, ceux qui sont les plus proches de **YAHUAH** et qui sont constamment en Sa présence et dans la sanctification avec Lui. Ce privilège de garder le Shabbâth ne fut pas accordé à tous les anges, tout comme il ne fut pas accordé à toute l'humanité. C'est un privilège accordé uniquement et exclusivement aux enfants ou citoyens du royaume de **YAHUAH.**

Nous pouvons prendre la parabole des 10 vierges dans Matthieu 25 comme analogie : seules les prudentes étaient prêtes et attendaient leurs époux. De même, seuls ceux qui veillent, attendent et désirent ardemment les fêtes de **YAHUAH** seront attentifs et préparés pour la venue de **YAHUSHA.** Le badge est pour ceux qui gardent ses commandements (y compris le Shabbâth comme Shabbâth) et pour ceux qui sont préparés en célébrant ses fêtes comme un rappel éternel de sa venue et de sa rédemption éternelle.

Êtes-vous citoyen du royaume de **YAHUAH** ? Veillez-vous et observez-vous les fêtes du Roi ? Seul vous et personne d'autre n'a la réponse à ces questions. Assurez-vous seulement qu'il n'est pas trop tard et que vous n'êtes pas pris dans les filets des excuses de l'adversaire, celles qui ne mènent qu'à la perdition éternelle. Assurez-vous d'être citoyen du royaume de **YAHUAH** par notre ambassadeur éternel **YAHUSHA.**

Romains 10 : Si tu confesses de ta bouche que **YAHUSHA** est ton Maître et si tu crois dans ton cœur qu'**ALOHIYM** l'a ressuscité des morts, tu seras sauvé.

Parfois nous ne savons pas ce que c'est que de croire avec notre cœur et non avec notre esprit. Cela signifie que tout notre être a la certitude ou la conviction que **YAHUSHA e**st notre Maître et Mâshîyach. Notre cœur est le moteur de nos vies et c'est pourquoi il n'y a pas de place pour le doute ou pour toute pensée étrange.

Si le cœur (organe physique) s'arrête quelques secondes, nous mourons instantanément. Cela signifie que notre cœur (non pas comme organe physique) est le cœur parfait pour notre conviction et notre croyance en **YAHUSHA.** Toute pensée peut persuader ou dissuader celui qui croit avec l'esprit, cependant, jamais celui qui croit avec le cœur.

En conclusion, que vous croyiez ces paroles ou non n'est pas un regret pour moi. Que vous décidiez de ne pas écouter et de vous justifier de toutes les façons possibles n'est pas non plus mon affaire. Ces paroles sont uniquement et exclusivement pour les enfants du royaume, pour ces citoyens de **YAHUAH** qui dorment encore et qui ont besoin d'être réveillés pour être participants du nouveau royaume. Ce n'est pas pour tout le monde.

Conclusion

À travers cette étude, nous avons rencontré beaucoup d'informations nouvelles et saisissantes, tout est disponible au public.

L'objectif principal de ce court guide est de fournir à chaque lecteur les informations pertinentes pour s'approcher de **YAHUAH**, connaître ses commandements et les Fêtes de **YAHUAH** ou les Fêtes bibliques, afin que nous comprenions qu'elles sont encore valides et qu'elles sont non négociables et encore moins remplaçables par des commandements des hommes ou des fêtes païennes.

Peut-être que certains se demanderont comment nous en sommes arrivés à changer ses commandements et à oublier ses fêtes même si elles ont toujours été présentes dans la Bible. La réponse est, comme nous l'avons déjà dit, que tout a commencé avec Constantin. Tant de choses se sont passées dans l'histoire qu'Even plusieurs livres ne suffiraient pas pour partager les événements qui ont changé le monde de manière si drastique au point d'éloigner l'humanité de son Créateur **YAHUAH.**

Rappelons-nous que le mandat de Constantin et des dirigeants de l'Église était qu'il ne pouvait pas y avoir, ni accepter, aucun autre dieu que celui créé par l'Empire, et encore moins toute pratique qui ne suivait pas les normes qu'ils avaient créées. Cela conduisit à appeler et à marquer les gens comme hérétiques avec une sentence de mort et de persécution si :

Quelqu'un gardait le samedi (Shabbâth selon la Bible) comme Shabbâth au lieu du dimanche (le jour créé par Constantin et ses dirigeants). Quelqu'un gardait ou pratiquait les fêtes bibliques au lieu des fêtes païennes. Quelqu'un n'acceptait pas le nouveau dieu de l'empire et déclarait publiquement le suivre. Si quelqu'un était considéré comme un Yahudiy ou un Yâshâral.

Ce ne sont là que quelques points qui ressortent, puisque la religion et l'acceptation du nouveau dieu de l'Empire romain étaient

OBLIGATOIRES, c'est-à-dire qu'il était OBLIGATOIRE de le servir, et celui qui ne le servait pas devenait un ennemi de l'Église et de l'État et, par conséquent, était un hérétique condamné à mort.

De même, il était obligatoire d'accepter les livres que l'empire avait déclarés comme valides ou comme parole inspirée, et quiconque essayait de traduire ou de mettre la Bible à la disposition des masses était digne du bûcher, excommunié et persécuté...

Toutes ces pratiques conduisirent à ce que les commandements (le Quatrième Commandement de garder le Shabbâth) et les fêtes de **YAHUAH** soient oubliés et qu'à leur place, les nouvelles fêtes païennes déclarées par l'empire et ses dirigeants soient pratiquées. De plus, le commandement créé par l'homme qui établit la substitution du samedi pour le dimanche est gardé.

En bref, le but a toujours été le même : éloigner l'humanité de son Créateur **YAHUAH** et la traîner vers les ruines et la perdition éternelle.

Romains 3 : Car tous ont péché et sont privés de la gloire de **YAHUAH.**

N'oublions pas que nous sommes tous nés dans le péché et loin de la gloire de **YAHUAH,** de sorte que le but de l'ennemi est de nous garder loin de la connaissance de **YAHUAH** afin que nous ne connaissions pas la vérité et ne L'adorions pas. C'est parce que si nous parvenons à connaître la vérité, nous servirons alors **YAHUAH** et nous serons réconciliés par **YAHUSHA** avec notre Créateur **YAHUAH**.

En gardant ses commandements et en nous souvenant de ses fêtes, nous démontrons notre amour pour **YAHUAH. Jean 14 :** Si vous m'aimez, gardez mes commandements. Cela nous dit qu'il n'y a qu'une seule façon de montrer notre amour pour Lui et c'est en gardant ses commandements. Cela n'a rien à voir avec les sentiments, ce que nous ressentons ou ne ressentons pas, et encore moins les paroles. Cela a à voir avec l'action, que nos actions démontrent l'amour que nous avons pour notre Créateur **YAHUAH** et Sauveur **YAHUSHA** en gardant ses commandements. Comment savons-nous alors que nous l'aimons ? Lorsque nous gardons ses commandements.

Matthieu 21 : Mais que vous semble-t-il ? Un homme avait deux fils. S'approchant du premier, il lui dit : **Mon fils, va travailler aujourd'hui dans ma vigne.** Il répondit : Je ne veux pas. Mais, ensuite, s'étant repenti, il y alla. S'approchant du second, il lui dit de même. Il répondit : **Oui, seigneur. Et il n'y alla pas.** Lequel des deux a fait la volonté du père ? Ils dirent : Le premier. **YAHUSHA** leur dit : En vérité, je vous le dis, les publicains et les prostituées vous précèdent dans le royaume d'**ALOHIYM.**

Ceci afin que nous comprenions que ce n'est pas de celui qui dit, mais de celui qui fait ; en d'autres termes, il est nécessaire d'agir. Mais faire quoi ? Certains demanderaient. Faire la volonté du Père (**YAHUAH**). Et quelle est la volonté du Père (**YAHUAH)** ? Que nous gardions ses commandements.

Donc, si **YAHUAH** dit que ses commandements et ses Fêtes sont PERPÉTUELS, c'est-à-dire pour toujours, pour moi ils le seront toujours, parce que non seulement c'est ce qu'Il a dit, mais aussi perpétuel signifie qu'il n'a pas de limite d'expiration.

De plus, si nous voyons **YAHUSHA**, **les disciples et les apôtres** célébrant toutes les fêtes et suivant les commandements, avons-nous plus d'autorité qu'eux pour les abolir ou modifier les commandements ? La réponse est un simple NON.

Établissons les commandements et les fêtes de **YAHUAH** comme événements prioritaires dans nos vies ; ils devraient être des jours de joie et de délice pour nous tous. De cette façon, nous réaliserons que nous avons raté toute la jouissance que **YAHUAH ALOHIYM** a préparée pour nous. Rappelons-nous, ce sont des fêtes de **YAHUAH,** comme un rappel pour nous de jouir, de sortir du rituel et de profiter des fêtes, afin que notre famille et nos amis attendent avec impatience ces fêtes qui seront partagées, savourées et appréciées avec **YAHUAH** dans nos vies.

Yahusha 24 : Et si c'est à vos yeux un mal de servir **YAHUAH,** choisissez aujourd'hui qui vous voulez servir, soit les dieux que vos pères ont servis au-delà du fleuve, soit les dieux des Ĕmôrîy dans le pays desquels vous habitez. Mais, moi et ma maison, nous servirons **YAHUAH**.

Si nous paraphrasons les paroles de **YAHUSHA** dans ce verset, elles disent : « Et si c'est à vos yeux un mal de servir **YAHUAH,** choisissez aujourd'hui qui vous voulez servir... Mais, moi et ma maison, nous servirons **YAHUAH** » et nous célébrerons les fêtes de **YAHUAH.**

En conclusion, mon but n'est pas de changer les pensées ou la façon d'être de quiconque. Mon principal objectif est de partager la vérité des Écritures ; vous déciderez alors si vous y croyez ou non. Si vous trouvez quelque chose dans ce guide qui ne vous plaît pas ou avec lequel vous n'êtes pas d'accord, je vous recommande de faire vos propres recherches. La vérité atteindra certainement les enfants de la lumière, parce que les enfants des ténèbres n'accepteront jamais la vérité telle qu'elle est.

Les enfants des ténèbres ou de la perdition chercheront toujours à parer la vérité de telle sorte qu'elle semble revêtue de vérité et crédible lorsque, en réalité, elle est pleine de mensonges. C'est ma prière continuelle que chaque personne qui parvient à lire ce guide puisse atteindre la liberté et la vérité. **Jean 8 :** Et vous connaîtrez la vérité, et la vérité vous affranchira. J'espère qu'un jour ils pourront être libres dans la vérité qui est en **YAHUSHA** notre Sauveur.

Prière

Mon YAHUAH ALOHIYM, je suis reconnaissant pour cette opportunité de pouvoir partager Ta Parole et Ta vérité. Merci de m'avoir donné l'opportunité de restaurer le vrai nom dans la Bible et dans ce guide.

Je Te supplie de toucher les lecteurs et de les amener à la connaissance de Ton nom. Je prie pour que Tes fêtes commencent à faire partie de nos vies. Bénis, protège, accorde compréhension et sagesse au lecteur en le conduisant à la connaissance de Ta seule vérité, au nom puissant de Ton Fils bien-aimé YAHUSHA. Amen.

Biographie

Yeral E. Ogando, PhD, est auteur en théologie, chercheur biblique et enseignant. Son travail est consacré à la restauration du nom du Créateur, au plan du salut et au retour de l'humanité à son dessein originel tel qu'établi par Yahuah.

Il est l'auteur de plusieurs ouvrages de référence, parmi lesquels *Yahuah: Restoration Guide*, *Dabar Yahuah Scriptures* (éditions anglaise et espagnole), *The Origin of Evil* (disponible en anglais, espagnol, italien et portugais), ainsi que la série *The Three Humanities*™, un cadre théologique approfondi qui explore la création, la corruption, le salut et la restauration à travers l'histoire de l'humanité. Ses écrits s'appuient sur la Torah, les Prophètes, les Évangiles, la théologie de l'alliance et des sources anciennes telles que le Livre des Jubilés et le Livre d'Hénoch, afin de présenter une vision cohérente et unifiée de la rédemption fondée sur les Écritures.

Ses ouvrages les plus lus et les plus diffusés — *Yahuah: Restoration Guide*, *Dabar Yahuah Scriptures* et *Yada Yahuah – Biblical Hebrew* — témoignent de sa capacité singulière à établir des ponts entre théologie, langage et discipulat, tout en rendant accessibles des concepts spirituels et linguistiques complexes à un lectorat international.

Le Dr Ogando possède une formation universitaire avancée en théologie, linguistique, sciences de l'éducation et enseignement des langues, notamment un doctorat en théologie. Il a enseigné les études bibliques ainsi que plusieurs langues, tant au niveau local qu'international, travaillant notamment en espagnol, anglais, français, italien, portugais et créole haïtien. Son parcours académique soutient une approche à la fois rigoureuse, fondée sur la recherche, et accessible dans son enseignement comme dans ses écrits.

Parallèlement à son œuvre littéraire, il est également auteur-compositeur et artiste conceptuel. Il a écrit le contenu lyrique et théologique de plus de quinze albums musicaux en espagnol et en anglais, avec d'autres projets en allemand et en français. Bien qu'il utilise l'intelligence artificielle comme outil de production, l'ensemble des compositions lyriques et du message théologique provient de ses écrits originaux, prolongeant ainsi son travail dans une expression artistique tournée vers l'adoration.

À travers ses livres, ses traductions et sa musique, l'œuvre de Yeral E. Ogando est portée par une mission unique : révéler le nom de Yahuah, mettre en lumière les racines de la corruption spirituelle et proclamer la puissance transformatrice du salut par la restauration divine.

Bibliographie

J. (2020, 23 septembre). Wikipedia. https://es.wikipedia.org/wiki/J

MINEDUC. (s.d.). www.mineduc.gob.gt. Consulté le 30 avril 2022, à partir de https://www.mineduc.gob.gt/DIGECADE/documents/Telesecundaria/Recursos%20Digitales/2o%20Recursos%20Digitales%20TS%20BY-SA%203.0/03%20COMUNICACION%20Y%20LENGUAJE/U1%20pp%2023%20uso%20v.pdf

Le nom d'ALOHIYM en swahili : comment il est devenu connu. (s.d.). JW.ORG. Consulté le 30 avril 2022, à partir de https://www.jw.org/es/biblioteca/revistas/wp20120901/nombre-de-dios-en-suajili/

Oh, ALOHIYM. (s.d.). Étymologies du Chili - Dictionnaire qui explique l'origine des mots. http://etimologias.dechile.net/?Dios

Zeus. (2021, 22 juillet). Wikipedia. https://es.wikipedia.org/wiki/Zeus

Jésus (nom). (2005, 9 août). Prénom masculin. Wikipedia. https://es.wikipedia.org/wiki/Jes%C3%BAs_(name)

Les éditeurs de l'Encyclopédie Britannica. (2018). Jupiter | ALOHIYM romain. Dans Encyclopédie Britannica. https://www.britannica.com/topic/Jupiter-Roman-ALOHIYM

Livre d'Eskra chap. 48-60 ; liv. 28 de l'édition standard d'OAHSPE. (s.d.). Oahspestandardedition.com. Consulté le 30 avril 2022, à partir de https://oahspestandardedition.com/OSE_28f.html

Ashkénaze. (2005, 27 avril). Communauté yahudiy originaire d'Europe orientale, septentrionale, centrale et nord-occidentale. Wikipedia. https://es.wikipedia.org/wiki/Asquenaz%C3%AD

Esus. (2021, 27 juin). Wikipedia. https://es.wikipedia.org/wiki/Esus

Livre d'Eskra chap. 48-60 ; liv. 28 de l'édition standard d'OAHSPE. (s.d.). Oahspestandardedition.com. https://oahspestandardedition.com/OSE_28f.html

Septante. (2022, 6 avril). Wikipedia. https://es.wikipedia.org/wiki/Septuaginta

Vulgate. (2022, 17 avril). Wikipedia. https://es.wikipedia.org/wiki/Vulgata

Bible Alphonsine. (2022, 20 avril). Wikipedia. https://es.wikipedia.org/wiki/Biblia_alfonsina

Casiodoro de Reina. Une vie en fuite pour traduire la Bible en espagnol. (2019, 22 août). Éditions Desperta Ferro. https://www.despertaferro-ediciones.com/2019/casiodoro-de-reina-traducir-la-biblia-al-castellano/

L'histoire des calendriers. (2020, 25 février). La Vanguardia. https://www.lavanguardia.com/vida/junior-report/20200224/473743933476/historia-calendarios-astronomia-tiempo-cultura.html

Rà. (2003, août). Divinité de l'ancien Mitsrayim. Wikipedia. https://es.wikipedia.org/wiki/Ra_(mytholog%C3%ADa)

Origine du Calendrier - Types et Évolution. (2021, 7 septembre). Curiosfera Historia. https://curiosfera-historia.com/historia-del-calendario/

Univision. (s.d.). 5 types de calendriers utilisés dans différentes parties du monde. Univision. Consulté le 30 avril 2022, à partir de https://www.univision.com/explora/5-tipos-de-calendarios-que-se-utilizan-en-diferentes-partes-del-mundo

Le calendrier julien. (2022, 4 avril). Wikipedia. https://es.wikipedia.org/wiki/Calendario_juliano

Contributeurs aux projets Wikimedia. (2004, 15 juillet). Le ALOHIYM romain de la guerre. Wikipedia. https://es.wikipedia.org/wiki/Marte_(mytholog%C3%ADa)

Romulus et Remus. (2003, 14 octobre). Les fondateurs légendaires de Rome. Wikipedia. https://es.wikipedia.org/wiki/R%C3%B3mulo_y_Remo

Bona Dea. (2021, 23 octobre). Wikipedia. https://es.wikipedia.org/wiki/Bona_Dea

Junon. (mythologie). (9 mai 2006). Junon (mythologie). Wikipedia. https://es.wikipedia.org/wiki/Juno_(mytholog%C3%ADa)

Janus. (2022, 27 février). Wikipedia. https://es.wikipedia.org/wiki/Jano

Février. (2019, 16 décembre). Wikipedia. https://es.wikipedia.org/wiki/Februa

Jules César. (s.d.). Wikipedia. https://es.wikipedia.org/wiki/Julio_C%C3%A9sar

Octavien Auguste. (2022, 21 avril). Wikipedia.
https://es.wikipedia.org/wiki/Octavio_Augusto

25 décembre. (2021, 20 décembre). Récits et Histoires au Mexique.
https://relatosehistorias.mx/nuestras-historias/25-de-diciembre

Le calendrier grégorien. (2022, 8 avril). Wikipedia.
https://es.wikipedia.org/wiki/Calendario_gregoriano

Définition d'alba — Définition de. (s.d.). Consulté le 30 avril 2022, à partir de https://definicion.de/alba/

ASALE, R.-, & RAE. (s.d.). perpétuel, perpétuelle « Dictionnaire de la Langue Espagnole » - Édition du Tricentenaire. https://dle.rae.es/perpetuo

ASALE, R.-, & RAE. (s.d.). Idole, idole « Dictionnaire de la Langue Espagnole » - Édition du Tricentenaire. https://dle.rae.es/%C3%ADdolo

La traduction est maintenant complète. Que YAHUAH bénisse ce travail et tous ceux qui le liront. HâlalYÂH !

www.ingramcontent.com/pod-product-compliance
Lightning Source LLC
LaVergne TN
LVHW020047110826
845155LV00029B/661

* 9 7 8 1 9 4 6 2 4 9 6 7 8 *